超訳

報徳記

「代表的日本人」の生き方に学ぶ

冨田高慶／原著
現代語訳／木村壮次

致知出版社

はじめに

現在の日本は経済・社会面で様々な問題を抱えています。特に、人口減少などによって衰退する地域の再生と社会保障問題を抱えた財政の再建は急を要する課題です。この地域の再生と財政再建問題は江戸末期にも見られました。この時期、多くの藩では財政危機に陥っていた中で、浅間山噴火、天候異変による凶作が頻発しました。なかでも天明・天保の大飢饉は多くの餓死者を出しました。こうした中で、二宮尊徳は仕法という再建計画によって、衰退した地域の再生に心力を尽くしました。人命を救うとともに財政の改革や村々の復興を指導し、その数は六百を超えています。活動の中で、リーダーの果たすべき役割と困難に直面した人びとに対して、どのように生きるべきかの教えも残しています。

現在こうした事実は忘れ去られて、二宮尊徳（金次郎）からは、銅像に象徴されているように、親孝行と勤勉という子供時代のイメージだけが残っているように思われます。尊徳は地域復興に当たって「至誠《しせい》」「勤労《きんろう》」「分度《ぶんど》」「推譲《すいじょう》」を改革の柱として、人びとに自立を奨励し、相互扶助を求めていました。こうした業績と尊徳の教えを記した伝記が、富田高慶（相馬藩家臣）の『報徳記《ほうとくき》』です。相馬藩主であった相馬充胤《みちたね》がこの『報徳記』を明治天皇に献上したところ、これを読んだ明治天皇は、維新の改革にとって重要なことが書かれているとして、これを全国の知事をはじめリーダーらに読むようにはかったのです。その後、農商務省、大日本農会から『報徳記』が刊行され、広く世に知れ渡り、〝志〟を抱いていた様々な分野の人たちに大きな影響を与えました。実業界では、渋沢栄一、安田善次郎、豊田佐吉、松下幸之助、土光敏夫、稲盛和夫など偉大な経営者の多くが尊徳から学び、企業を起こしたり成長させたりしたほか、社会貢献も果たしています。

時代を越え、人間のあるべき姿を教えてくれる尊徳の伝記『報徳記』は、今後も企業や教育界、地域など各方面で活躍する人たちにとって、有益な指針になると思います。本書が、尊徳を再認識し、困難な時代を切り開き、明るい日本を築く一助となれば、これ以上の喜びはありません。

超訳　報徳記＊目次

はじめに　1
報徳記例言　13

巻の一

一．艱難辛苦の少年時代　16
二．小田原藩の家老服部家の再建　20
三．藩主から桜町領の復興を命じられる　32
四．桜町陣屋において復興事業に着手　41
五．桜町仕法の初期　47
六．桜町仕法の難関　50
七．成田山に祈願する　54

巻の二

一．開墾人夫を賞する　61
二．横田村の名主円蔵を諭す　65

三．物井村の岸右衛門を導く　67
四．天保大飢饉に備える　72
五．桜町三ヵ村、十余年で復興する　75
六．無法な農夫を改心させる　77
七．辻・門井二村の名主を諭す　80
八．青木村の衰廃を興す　82
九．青木村の貧民を諭す　89

巻の三

一．烏山の円応和尚、尊徳に教えを請う　94
二．烏山家老菅谷、藩士を桜町に遣わす　98
三．分度こそ復興の本　102
四．円応、尊徳に鮎を贈る　104
五．尊徳、円応の死を嘆く　107
六．烏山仕法の中止と菅谷の追放　109

巻の四

一．大磯の孫右衛門を諭す　122
二．中村玄順、尊徳に教えを受ける　131
三．細川家、尊徳に復興を依頼　135

巻の五

一．細川家の分度を定める　143
二．細川領を復興し、負債を償う　149
三．細川公の大坂勤務とその道の説示　151
四．小田原の忠真公、尊徳に飢民の救済を命ずる　156
五．小田原公の逝去と遺言　162
六．小田原領の飢民の救済に励む　165
七．分度なくして復興なし　170
八．尊徳の桜町への引き揚げと小田原領民の仕法懇請　173

九．三幣又左衛門、尊徳の教えに従わず罷免される　179
十．小田原の仕法、破棄される　185

巻の六

一．下館藩主、尊徳に復興の良法を依頼　191
二．下館藩困窮の原因を論ずる　195
三．下館藩家老上牧を諭す　198
四．下館藩の分度を定める　200
五．下館領内に復興安民の仕法を実施　204
六．相馬中村藩の盛衰の概略　206
七．相馬の使者一条、君命を奉じて桜町に至る　211
八．草野正辰、尊徳に政治の要を問う　213
九．草野、尊徳の仕法を聞き領民を救済　219

巻の七

一．池田胤直、尊徳に治国の道を問う　228
二．相馬家の分度を確立する　232
三．成田・坪田両村に良法を開始する　238
四．相馬領郡村の嘆願に応じ良法を拡張する　241
五．相馬領の村々、再復して美風みなぎる　244
六．相馬公自ら領民に勤農の道を諭す　247
七．相馬公、日光神領の復興に資金を献納　251
八．幕府の命を受けて印旛沼の掘割を検分に行く　253
九．仕法は普遍の法則　255

巻の八

一．真岡代官山内の配下となる　260
二．下野国石那田村の堰を築造　269
三．日光神領を廻村し、復興事業に着手　273

四．日光仕法、進展する　279
尊徳から影響を受けた著名な経営者たち　285
二宮尊徳関係年表　293
おわりに　296

装　幀——川上成夫
編集協力——柏木孝之

超訳　報徳記

報徳記例言

一、二宮尊徳先生は、終生人びとに徳をもって徳に報いる道を教えられた。そのあらゆる行いもまた、ことごとく徳に報いることにあった。そのためこの良法が盛んに行われるようになった時、当時の人びとは先生のことを報徳先生と称した。この書を『報徳記』と名づけたゆえんである。

先生の一代の言行を記述する者がいなければ、後世の人びとが先生のことを知るすべがない。先生のことを知らなければ、いかに富国安民の良法といえども、その時限りで永遠には伝わらない。これは私の非常に残念に思うところである。けれども、いざこれを記録しようとすると、その言行の一部分さえうかがい見ることができない。

思うに聖賢でなければ聖賢の志《こころざし》を知ることはできないのであろう。どうして凡庸《ぼんよう》・暗《あん》愚《ぐ》な者が、高徳・大才の奥義《おうぎ》を悟ることができよう。それを悟らずして、とりとめなく記すことは、その大徳を損なうばかりでなく、その業績をちっぽけなありふれた事柄と比べることになりはしないか。それをひどく恐れて、数十年間、筆を執ることができなかったのである。

しかし、いかに博識・高才の人物でも、先生の門に入ったことがなければ、これを記述することはできない。むしろ、この際私がその一端を記して、識者の是正を待つのがよいだろうと考え、やむを得ず、その万分の一を記したのである。

一、諸藩の領内を復興した例は数多い。しかし、その依頼に前後があり、施行の順序もある。私がまだ先生の門に入る以前の事柄は実際に見たことではないので、前後や順序を誤って記したところもあろう。かつ施行の良法は多岐にわたり、その絶妙な方法は凡人のはかり知ることのできないもので、まことに私がごとき浅学で文も拙《つたな》い者には、その滓《かす》さえ記すことができないのではないかと心配である。まして、その深遠な道理を記すことができるだろうか。

一、この『報徳記』は、実に大海の一滴にすぎない。それを読者が先生の功績はこの書に記述された事柄だけであると思い、このように僅かなことで、何が大事業であるかと言うならば、著者の記述が漏れていて、文章が拙いために、現在を誤るばかりでなく、後世の人びとをも誤らせることになってしまう。だから、滴り落ちる水を見て、はてしない大海を察知していただければ幸いである。

一、先生の言葉や業績を記録して、まだその終わりまで記すに至らないのは、この書はもとより言行の万分の一も記すことができないので、漸次これに書き次いでいこうと思うからである。

一八五六（安政三）年十一月　富田高慶記す

《付　記》

高慶は「尊徳先生は謙遜な方で御自身の功績を語ろうとはなさらなかった」と記していますが、尊徳自身は「余が書簡を見よ、余が日記を見よ」と遺言的な日記を書いていますす。現在は尊徳自身が書いた膨大な書簡、日記、さらに手紙のやり取りなどの資料が整理されており、当時の誤った記述は明らかになっています。本書ではそれらも踏まえて「超訳本」としました。

巻の一

一・艱難辛苦の少年時代

今、二宮金次郎尊徳先生の生涯を知りたいと思っても、あまりに昔のことなので詳しく知ることは困難である。先生は謙遜な方で御自身の功績を語ろうとはなさらなかった。僅かに村人の言い伝えが残っているといっても、先生の大志や深遠なまごころを察することは出来ない。少々普通の人と異なる点を言いたてるくらいで、それではその深遠な理論や実際の業績を見るには不十分なことは言うまでもない。

とはいえ、いまこれを記録しないでおくと、先生が幼少年期から大志を抱き、優れた業績を行ったことなど知る者がいなくなってしまう。これこそ残念極まりないと言うものではないか。だから村人の言い伝えにもとづいて、ここに筆を執り先生の生涯のあらましを記すことにする。

先生の姓は平氏、名は尊徳、通称は金次郎という。先祖は曾我《そが》氏で、相模《さがみ》国栢山《かやま》村（神奈川県小田原市）の出身。父は二宮利右衛門《りうえもん》（四十六歳で死去）、母は曾我別所《べっしょ》村（足柄下郡下曾我村）の川窪《かわくぼ》太兵衛の娘よしである（三十六歳で死去）。祖父は銀右衛門といい、常に質素・倹約を旨《むね》として家業に身を入れたため、富み栄えて父利右衛門の代となった。父は村人から善人と褒められるような人柄で、村民の求めに応じて、あるいは施し、あるいは貸し与えたため、数年で家産を減らして、財産をすべて散じて貧乏が極まってしまった。それでも貧苦に耐えて、以前に施したり、貸したりしたことの報いを受けようと思わなかった。

この時にあたって金次郎が生まれた。一七八七（天明七）年七月二十三日である。次子は三郎左衛門（幼名は友吉）、その次を富次郎という。

父母は貧困の中で三人の男の子を養育して、その艱難辛苦《かんなんしんく》（困難に出遭って、辛く苦しい思いをする）は言葉で言い尽くすことはできない。金次郎が五歳の時、酒匂川《さかわがわ》の洪水によって村が流され、利右衛門の田畑も、ことごとく石河原となった。もとから赤貧《せきひん》（ひどい貧乏）だったところへ、この水害にあって、艱難はいよいよ迫って、三人の子を養うのに力を労すること幾千万、先生は一生の間、話がこのことに触れると必ず涙を流されて、父母の大恩は計り知れないと言われた。聞く者も皆、涙を流した。

金次郎の父は酒好きだったので、子供ながら草鞋《わらじ》を作って一日一合ずつ酒を買い、父に勧めた。父はその孝行を大変喜んだ。金次郎が十四歳の年に、父は病気になり次第に衰弱していった。母と子は嘆き悲しんで、昼となく夜となく看病を怠らず心を込めて神仏に祈願したが、その甲斐もなく亡くなった（四十六歳）。

小田原を流れる酒匂川は、洪水のたびに堤防を破壊し、たびたび村の田畑を押し流し民家を壊した。このため、毎年川さらいや堤防づくりなどの土木工事があり、村々では一軒に一人ずつその労役に駆り出された。金次郎は十二歳からこの役を勤めていた。村の人びとは父親がなく貧しいのを哀れんで一人前とみなしてくれたが、金次郎は何か別の働きで補わなくてはいけないと思った。そこで、夜中まで草鞋を作り、翌朝、誰よりも早く工事場に出かけ、

「私はまだ一人前の仕事ができません。みなさんのお力を借りてようやく勤めております。その御恩に報いる気持で草鞋を作って持ってきました。どうか皆さんで使って下さい」

と差し出した。人びとは金次郎を褒め、草鞋を受け取った。金次郎の、人びとが休んで

も休まずに一心に働き続けた行いは、人びとに大きな感銘を与えた。

父の死後、母は三人の子を育てていたが貧窮《ひんきゅう》（貧しくて、生活に苦しむ。貧困）の極みに達し金次郎に、

「このような状態で三人とも育てるのは飢え死にするようなものです。おまえと三郎左衛門とは何とかして私が育てますが、末の富次郎までは無理なので親類のところで預かってもらいましょう」

と言って赤ん坊の富次郎を預けることにした。しかし、母は床に入っても寝つかれず、涙で枕を濡らす夜が続いた。

金次郎が、どうして泣いてばかりいるのですかと心配して尋ねると、母は、

「富次郎を預けてから、乳が張ってその痛みで眠れないのです。でも日が経てば薄らぐでしょう。おまえが心配することではない」

と言いながらも涙は止まらなかった。金次郎は母の悲しむ気持ちを知って、

「赤ん坊が一人いたところで、それほど生活の負担が増すわけではありません。明日から私が山に行き薪《たきぎ》を伐《き》り、これを売って富次郎を育てますから早く連れ戻して下さい」

と言うと、母は喜んで夜中にもかかわらず預けた家に行き、わけを話して富次郎を抱い

て帰り、親子で喜び合った。

この後、金次郎は朝早くから遠くの山まで出かけ、柴を刈り薪を伐って売りさばいた。夜は縄をない草鞋を作り寸暇を惜しんで働き、二人の弟を育てることに力を尽くした。そして薪を取る行き帰りにも『大学』という本を歩きながら読誦《どくしょう》し、少しも怠ることがなかった。歩きながら大声で読んでいたので、怪訝《けげん》に思って風変わりな子とみなす者もいた。これが金次郎の聖賢の学の始めである。

二．小田原藩の家老服部家の再建

伯父、金次郎の読書を嫌う

金次郎が十六歳の時に母は病気になり、そのまま没した（三十六歳）。田畑は借金の返済のため他人の所有となり家だけが残った。金次郎は二人の弟を抱いて嘆き悲しんだがどうしようもなかった。こうした状況を見て親類の人たちは、

「このままでは三人の子は飢え死にするだけだ。親類の者で育てるほかはないだろう」

と話し合い、金次郎は父方の伯父の万兵衛《まんべえ》が養い、弟の三郎左衛門と富次郎は母の実家

の川窪家が育てることになった。

万兵衛ははなはだ吝嗇《りんしょく》（けち）であり、慈愛の心が薄かった。このために金次郎の艱苦は極まった。こうした中でも、金次郎は一日中家業を勤め、夜になると勉強をしていた。

万兵衛はこれを見て、

「私はおまえを養うのに多くの雑費を要している。おまえの働きでどうしてその費用を補うことができようか。このことを考えずに、夜学のために灯油を使うのは、恩知らずというものだ。おまえは家もなく田もなく、人の助けで命を繋いでいる身であるのに、学問をして何の役に立つか。すぐに止めよ！」

と激しく怒った。金次郎は伯父の言い分はもっともだと思い、「私が間違っておりました」と謝った。それでも、天を仰いで、

「私は不幸にして父母を亡くし、幼いため独立することができない。人の家に養われて日を送っているけれども、字を習い本を読むことに心がけなければ、一生文盲の人となって、父母伝来の家を興すことは出来ない。勉強するのは夜しかないが、そのためには明かりの灯油がいる。そうだ、私が自分の力で学ぶならば伯父の怒りに触れることはないだろう」

と決意した。ここにおいて川べりで誰も使っていない無毛の地を耕して菜種を蒔《ま》いて、

その実り七、八升を得た。大いに喜んで、この菜種を売ったお金で灯油を買って使えば、伯父の負担にならないと考え、夜中の勉強を再開した。

しかし万兵衛は再び、

「おまえは自力で油を求めて夜学すれば、私の費用にはならないと言うだろうが、おまえが勉強して何の役に立つのか。そんな無益な事をするより、深夜になるまで縄を綯《な》って私の家事を手伝え」

と怒鳴った。

そこで金次郎は夜になると必ず縄を綯い、むしろを織り、夜がふけて人が寝静まってから、ひそかに灯油をつけ、光が漏れないようにして、一番鶏が鳴くまで勉強を続けた。昼は万兵衛の手伝いのため、山に登って柴を刈り、田に行って耕し、草取りをした。それだけでなく、酒匂川の堤防の普請《ふしん》（建築・土木）工事に出て、その賃金を得ると名主の所に行ってこれを預けるのだった。その数が一貫文《もん》（銭千文で約七千円）になると、これを村内の寡婦《かふ》（未亡人）や老人など身寄りのない極貧《ごくひん》の人たちに、二百文、三百文ずつ分け与えていた。このようにお金が貯まると、金次郎は少しも自分のためには使わず、苦しんでいる人々を助けることに厳しい生活の中の楽しみとした。

自家を再建

金次郎十七歳の時、先年の出水《しゅっすい》のために用水堀が流出し、不用の土地ができた。金次郎は休日にここを開墾し、棄てられていた稲の苗を植えつけると、一俵（約六十キロ）余の実りを得た。金次郎はこの経験から、

「およそ小を積んで大を為すのは自然の道である（積小為大《せきしょういだい》）。こうした努力を続けていけば、やがては父祖の家を興し、祖先の霊を安んずることが必ずできるだろう」

と喜んだ。こうして僅か一俵を種《たね》として、数年で多くの収穫を得た。そこで万兵衛にこれまで養育してもらった恩を感謝して、生家に帰って家業を興したいと願い出た。万兵衛は喜んでその意志に任せた。

生家は空屋であったが、数年誰も住んでいなかったため、破損して雑草が軒をおおっていた。金次郎は草を払って破損を修理し、日夜家業を励んで、もと所有していた田地を買い戻した。

このように万苦《ばんく》（大変な苦しみ）を尽くして廃家はようやく再興の実を結ぶに至った。縁者は結婚するように勧めていたが、金次郎はこれを数年断り、三十一歳になって隣村の

娘（中島弥野右衛門の娘きの、十九歳）を娶《めと》った。

《付　記》

○少年期のエピソード

金次郎が世話になった伯父の万兵衛は、ケチとか強欲のように記述されています。このため、武者小路実篤や幸田露伴の『二宮尊徳』でも、万兵衛はかなりの意地悪のように書かれており、子供向けの伝記やマンガ本でもそのように描かれています。しかし、万兵衛は金次郎を早く一人前の勤勉な農民に育てようとした行為で、損な役回りとなってしまったように思われます。もし万次郎が甘やかしていたら後の尊徳は誕生していなかったかもしれません。

原著では、貧困の様子については、正月に家々を回るお神楽《かぐら》が来たとき、支払う十二文（約七十円）のお金がなくて、居留守を使って雨戸を閉め、母と弟二人と共に一行が通り過ぎるのを待ち、貧乏の辛さをしみじみと味わったことが書かれています。

また、母の実家の父が死去し、母と共に葬式に出かけたところ、服装が粗末すぎて親戚扱いをされず、粗末な別室で食事を出され、このひどい対応に、母は大いに憤り嘆いてその後まもなく亡くなったと言われています。父を失って二年後、十六歳の時です。

金次郎が学問に秀でたことについては、次のエピソードが紹介されています。十四歳の時（十八歳の時が正しい）、近くの寺で行脚《あんぎゃ》の僧の読経《どきょう》を聞いていると、国語（普通は呉音《ご》で読む）で読んでいたので理解できた。そのお経は観音経《かんのんぎょう》で、金次郎は栢山村の和尚に会って「和尚さん、観音経の功徳というものは素晴らしいものですね。その意味はこういうことですね」と話したところ、和尚は驚いて、金次郎を菩薩の再来と褒め称《たた》え、自分の代わりに僧となって大いに済度《さいど》の道を行ってくれと頼んだという話です。

なお、金次郎の生家は本文の記述と違って、一家離散のとき解体・売却され、屋敷地も万兵衛の所有となっていたので、金次郎には帰るべき家はなかったようです。十八歳で万兵衛の家を出てからは、名主の岡部家や二宮七左衛門家に住み込み、二十歳の時に小さな小屋を建て、雇われ仕事に出る一方、所有地を少しずつ開墾し資産を作り、二十四歳の時に一町四反余りに達し、家を復興しました。

家老服部家の再建

小田原藩の服部《はっとり》十郎兵衛は禄高《ろくだか》（報酬の米）千二百石の家老《かろう》（江戸時代、大名の重臣で、実務を統括した職）であった。しかし家計が苦しくなり、千両余りの借金を返済すること

が出来ず、辞職もやむを得ないと考えていた。そんな時にある人が、

「栢山村の金次郎（以下、尊徳と呼ぶ）という農民は、貧しい家に生まれて早くから父母を亡くし親類の援助で成人した者です。その者が並々ならぬ努力の末、僅かに米一俵を作ってから、これを種にして、ついに落ちぶれた家を再興したと言います。それだけでなく、幼少の時から人に対する思いやりの心が厚く、一身の苦労をかえりみずに人のために尽くす振る舞いの数々は、生まれつき非凡の質としか言いようがなく、並の者の及ぶところではありません。あなたもこの者に頼んで、お家の再興を頼んでみたらいかがでしょうか」

と助言した。そこで服部は人を介して尊徳に依頼してきた。

尊徳は、

「私は農民で、家を再興したのは農民としてなすべき道を行っただけです。農民なので武士の家を興すことなどできません。どうか服部様にお断りしてください」

と言った。しかし服部が何度も依頼して来たので、

「服部様は小田原藩の重臣で、困窮のために辞職まで考えており、今、武士の意地を捨ててまで私に依頼されている。このまま私が断り続ければ服部家は潰れるかもしれない。そのようになったら殿様は深くお嘆きになるだろう。してみれば、これは服部家だけの不幸

ではない。お国（藩）のためにもこの危急を救わないわけにはいかないだろう」

と思った。そこで妻に、

「服部家からの依頼はもう断りきれない。おまえは大変だろうが家を守ってほしい。五年間で再建して帰ってこよう」

と決意した。尊徳が三十二歳の時である。

服部家で尊徳は、

「私に全てお任せくだされば、五年で再建してみせます。しかし少しでもあなたの考えを入れるなら、責任が持てません。全て任せていただけますか」

と言った後、

「御当家の俸禄《ほうろく》（報酬の米またはお金）は千石あるのに借金も千両以上ございます。そもそも殿様から頂いているこの俸禄を自分のものと思っているのが間違いの元ではないですか。臣下の道というのは、質素・倹約を守り、永く殿様の御恩に報いようと忠勤を励むことではありませんか。にもかかわらずあなた様は奢侈《しゃし》（贅沢な暮らし）に流れて、家計が赤字となっても金を借りて埋め合わせてきました。そのために家を滅ぼし、殿様の信頼を裏切る羽目になってしまったのです。これで忠義な御家来といえますか」

と真正面から諫《いさ》めた。服部氏が「自分が悪かった」と謝ったので、尊徳は続けて、

「今、服部様は御自分の過失をお認めなさいました。ですから、今後はその過失を償うように心がけください。その方法は三つあります。第一に食事は飯と汁とに限ること、第二に衣類は木綿に限ること、第三に不必要なことを行わないことです。この三ヵ条を守れますか。無理だとおっしゃるのなら私には再建できません」

と再建に当たっての条件を認めさせた。その後に服部家の召使を呼んで、

「御主人の家が貧窮して、このままでは家は滅びてしまいます。御主人は今後五年間、全てのことを私に任せられました。あなた方も私の指図に従ってください。もしそれが嫌ならばすぐにおやめください」

と言った。召使たちも全て尊徳に一任したので、尊徳は服部家の収入を見積もり、支出を差し引いて、収支が釣り合うような予算を作った。そして借金の貸主を呼んで、実状を説明し五年間で返済することを約束した。そして、自らは下男・下女に代わって家事も勤め、服部氏が外出するときは従者となり、夜は服部氏に、家を治め国を治める道を教授した。

一年ごとに借金が減り、五年後には千両余りの借金は全て返済した上、三百両の金を残

した。尊徳はこの三百両を手にして服部夫妻に報告した。

「借金を返済した後、なお三百両が残りました。このうち百両はあなた様のお手元に置き、非常のことが起こりました時に、殿様への御奉公の費用として使ってください。また百両はこれまで御苦労なされた奥様への御褒美《ごほうび》です。奥様もこの金を別途備えておき、家計が再び苦しくなった時の予備としてください。あと百両残っております。これはあなた様が自由にお使いください」

服部氏は大いに喜び、感心して言った。

「そなたの努力によって家の再建が出来た。この三百両はそなたの努力の成果だから、本来全てそなたのものだ。けれども、今そなたは我ら夫婦に金を分け与えてくれた上、将来のことまで教えてくださった。それを断るわけにもゆかない。せめて残りの百両だけは受け取って家業の一助としてほしい。そなたが自分の家業に励んだら有数の資産家となっているにちがいないのに、我が家の危急を救ってくれたのだ。この百両では足らないが、受け取ってください」

尊徳は喜んで引き下がった後、召使たちを呼んで、

「あなた方は五年のあいだ共に苦労してくださった。お家の借金は全て返済した後、なお

百両残っている。御主人は私の努力を褒められてその百両をくださったが、私が勤めてきたのは我が身のためではない。報酬を受けるわけにはいかないので、あなた方の勤めぶりを賞してこれを分配しよう。この金は私が与えるのではなく、御主人がくだされたお金です。謹んでお受けなさい」

そう言って百両を分け与えた。召使たちは驚き、喜んで、尊徳の情け深い心に感動した。こうして尊徳自身は、何も受け取らずに家に帰った。尊徳の行動にはしばしばこのようなものがあった。

《付　記》

○服部家の再建

実際の服部家の再建は、その後の調べで借金返済は三十余年かかったとされています。長引いた主因は、小田原藩の藩主大久保忠真公が江戸幕府の老中《ろうじゅう》（幕政を統括し、朝廷・大名の事を取り扱う）になり、家老の服部も江戸詰めとなって出費が多くなったこと、それに服部の贅沢が止まなかったことがあったようです。

○抜群の実業家センス

若い頃の尊徳は、農民ながら自家再建のため各種の仕事をしてお金を増やしました。住み込みで稼いだほか、小田原へ出かけ野菜や薪なども販売し、その際には村の農民の代行も行い、その手数料も受けていました。

また尊徳は、お金を貸していましたが、当時の利息は年利で二割が普通でしたから、五年もすれば元利合計で二倍に増えます。ただ、服部家の再建中に米相場で失敗したことがありました。服部家の再建中には、女中さんに鍋や釜についた炭を削り取らせて効率的なたき方を教え、それによって節約できた薪を買い取ってやり、給金が貯まった奉公人には、それを預かり、ほかへ貸して利息を稼いでやったことなどが明らかになっています。

尊徳の経済的センスは、田畑の獲得方法でも発揮されています。田畑を増やすには、自分で荒地を開拓する方法と、田畑を買う方法がありますが、尊徳は開拓に重点を置きました。それは、開拓した田には、七年程は年貢《ねんぐ》（租税）がかからないというメリットがあったからです。そして、無税の期限が切れると、その田は小作（地主に小作料を払って農業を営むこと）に出しました。小作に出せば、小作料が入って来るので、それらの金が貯まると、田畑を買って増やすという方法をとったのです。二十歳の時に九畝《せ》（約九アール）余りの田を買い戻してから、三十一歳の時には、三町八反余り（約三・八ヘクタール）の田地を保有して、村の中でも指折りの大地主となっていました。

このように、尊徳は金銭の重要性を十分に知っており、若い時は、勤め人、商人、金融など多方面で活躍した実業家でした。他方で、若い頃は、お金が貯まると本を買い集めたほか、二十四歳の時には五十日ほどかけて江戸、京、大坂、金比羅、高野山、伊勢などを旅行して知識を広めています。

三．藩主から桜町領の復興を命じられる

尊徳が三十二歳の時、小田原藩の藩主大久保忠真公が江戸幕府の老中となり、そのお祝いで三十七人が表彰され、尊徳も選ばれた。

忠真公は、小田原藩の悪い風習を正し善政を行い、万民の心配を取り除きたいという心を抱いており、名君の評判が高かった。地元の小田原藩に傑出した才能をもつ尊徳のいることを知り、この人物を抜擢《ばってき》して藩政に参画《さんかく》させ、先々は藩の財政再建を果たし、天下の

手本としようと考えた。そこで群臣《ぐんしん》（多くの臣下）たちに相談したが、

「殿のお言葉ですがそれは納得できません。小田原藩の武士が衰えたとはいえ、百姓の指揮に従うとなれば、領民に対する権威はなくなります。我々は代々、藩主からのご恩を受け領民を治めることを任務としてきたのです。いくら二宮なる者が賢人であると言っても、百姓から教えを受け指導を受けるなどということは絶対できません。

そもそも二宮の説くところは仁義礼智信《じんぎれいちしん》の五常《ごじょう》に基づく儒教です。儒教ならば我らの方が熟知しております。もし殿が強いて二宮の指導を受けよと命じるのであれば、我らは死をもってこれにお応えし、先祖に対して詫びるほかありません」

と言うのだった。忠真公はこうした声を無視出来なかったので「誰も出来なかった仕事を二宮に与え、その成果が良ければ文句はなかろう」と、分家に当たる旗本《はたもと》（将軍直属の家臣のうち一万石未満の直参で御目見え以上の者）の宇津《うづ》家の再建を行わせることを考えた。

この宇津家は四千石で下野《しもつけ》国（栃木県）の物井、横田、東沼の三村から成り、桜町に陣屋（役所）があった。土地は痩《や》せ地（作物が生長しにくい土地）で作物が出来ず、元禄時代（一六八八年から一七〇四年。将軍は徳川綱吉）の四百五十軒が今では百四、五十軒に減って、田畑は荒れ放題になっていた。このため名目は四千俵の領地であるが、八百俵の収入しか

なく、財政が著しく困窮していた。

　忠真公はこれまでに桜町に何度か家臣を送り込んで、数千両の金を費やし復興させようとしたが失敗に終わっていたのだ。そこでこの地の再建を尊徳にやらせることを家老に話した。家老は「尊徳でもこの事業は無理だろう、失敗すれば尊徳の抜擢もなくなる」と考えて同意した。

　尊徳に使いが出され、桜町の復興のために働くようにという命令が下った。しかし尊徳は、

「私は農家に生まれ落ちぶれた家を再建しただけです。国（藩）を興し民心を安らかにする方法などは知りません。殿様の御命令がいかに重いとはいえ、この御命令をお受けするわけにはまいりません」

　と断った。しかし忠真公が何度も命令を出してきたので、結局は使者に、

「殿様の数度にわたる御命令にお応えしないまま三年たち、もはやお断りすることが出来なくなりました。しかし、現地に行って荒廃《こうはい》の原因や、再建が可能かどうかを確かめてから決めたいので、すぐに御命令に従うわけにはまいりません」

　と言った。そこで、忠真公は桜町の実地調査を命じた。尊徳は桜町に出向き、田や野の

地味を調べ、村人が勤勉か怠け者かなどの調査を数十日で行い、小田原に帰って報告した。

「殿様は私の不肖《ふしょう》（愚かなこと）をお察しくださらず、宇津家の復興事業をお命じになりました。私には荷が重すぎますと、固くお断り申して来ましたがお許しになられず、やむを得ず桜町に行き、その土地の状態と民心の様子を見てまいりました。その結論ですが、土地は非常に痩せ地で、村人の無頼《ぶらい》（無法な行いをする）・怠惰《たいだ》（怠慢）もはなはだしいものがあります。とは言っても、仁政《じんせい》（思いやりが深い政治）をもって事に当たり、悪い習慣を改めさせ、農業に励むよう指導すれば復興の道は全く不可能とも申せません。しかし仁政が実施されなければ、貧困の生活から逃れることは出来ないと思います。

これは、例えで言えば、江戸における巣鴨と日本橋のようなものです。日本橋は家賃がいくら高くても商売の利益が大きいため、人びとは争ってそこに居住し富を得ます。他方、巣鴨のような不便なところは、商売の利益が少ないため、家賃が安いといっても人びとは住みたいと望みません。だから貧困は免れないのです。

つまり上国《じょうこく》は税金が多くても利益が多いので繁栄し、下国《げこく》は税金が少なくても田畑の生産が少ないために難儀は免れないのです。これは土地の状態が良いか悪いかの結果です。ですからこのような下国を上国のように栄えさせようと望むなら、仁政を行わなければなりません。温泉は人の力に頼らなくても年中温かです。しかし、風呂はしばらく火をたかないでいるとすぐに冷たい水になってしまいます。上国は温泉のようで下国は風呂に似ています。つまり仁政を行う時は栄え、仁政が行われない時は衰えるのです。

今、桜町の荒廃を救い、末長く民心を安んずる方法は仁政を実施するしかありません。厚く仁政を行い、大いに恩恵を施し、すさんだ人情を改善し、土地の尊い理由を教え、田畑に力を尽くさせることです。お金ではありません。以前、殿様が桜町の再建を命じられた際、多額の金（補助金）を下賜《かし》されました。そのため成功しなかったのだと思います。ですからこれからは復興するために一両も与えないで下さい」

忠真公は尋ねた。

「金を与えるのがどうして失敗のもとになるのだ？」

「殿様がお金をくださると村の名主・百姓はみなこの金に心を奪われるのです。お互いにこの金を手に入れたいと思い、村人は名主が不正を行ったといい、名主は村人の勝手にされることを心配します。お互いに非難しあい利益をむさぼって、人心は荒れすさみ、事業は中断してしまったのです。これはお金をくださったことによって生じた災いと申せましょう」

「そなたの言うことはわかったが、金を使わずに廃村を立て直す方法というのがわからない。どういうことだ？」

「それは荒廃した土地を開墾するためには荒廃した土地自体の力をもって行い、貧しい者を救うには貧しい者自身の力をもって行うことです。お金は必要ないのです」

「それで、開墾するには荒廃した土地自体の力をもってするとはどういうことだ？」

「それはまず荒廃した田一反を開墾し、そこから一石の米を生産します。そのうちの五斗を食料とし、残りの五斗を来年の田を耕す元手《もとで》にするのです。毎年このようにすれば、金を使わずに多くの荒地が開墾できるのです。我が日本国は開闢《かいびゃく》（天地の開けはじめ）以来、何億万という田を開墾してきましたが、最初外国から金銀を借りて開墾したわけではありません。必ず一鍬から開墾されたのです。こうした昔からの大道によれば、荒廃した土地を復興することは難しくはありません。

そもそも宇津家の知行高《ちぎょうだか》（領土の決められた生産高）は四千石とはいえ、実際に納入される年貢は僅か八百俵というではありませんか。これは四千石とは名ばかりで実は八百石の知行高なのです。ですから八百俵をもって復興までの分限《ぶんげん》（身分・地位・能力などでぎりぎりの限界）を定め、この分限で耐えるべきです。現在生産力のある土地は我が国の開けた地方と同様であり、まだ開けていない荒地は未開の蝦夷《えぞ》地と同様です。この考えで、一両のお金もお与えにならず、荒地を開き、領民を安んずることを私に任せていただけるならば、十年にして必ず成功に導いて御覧に入れます。

しかしながらここに一つの問題がございます」

「その問題とはなんだ?」

「今申したように復興することは困難ではありませんが、それが成功しても二千石の不足が生ずるのです」

「復興が成功して二千石減ってしまうとはどういうわけだ?」

「ほかでもありません。痩せた土地だからです。村民衰亡の禍いは、全てこの痩せた土地が原因なのです。ですからこの村を復興し民心を安んじたいと思ったら、現在の二反を一反とみなすしかありません。となると、宇津家の俸禄は現在の半分の二千石となり、公私にわたる費用が不足するので、おそらく領民に命じてその不足分を補おうとするでしょう。そうなれば、村は再び荒廃してしまいます。殿様が無益の土地に心身を費やされるよりは、むしろ四千石の良い土地を宇津家にお与えになるのが得策と心得ます」

「そなたの言葉はもっともだ。しかしいま宇津家に適当な土地を分け与えることは難しいことではないが、荒廃した土地を復興しないで、ますます不毛の土地にしてしまうことは予の本意《ほんい》ではない。そなたには内政・外交とも桜町の事業を全て任すから復興に努めてほしい。そしてそなたが心配する二千石の減少は、成功のあかつきに必ず四千石としよう。そなたが心配するには及ばぬ。だから、桜町の地におもむき、身体を大切にし、国のためにますます志を励まし、貧しい人びとを慈しみ、すたれた村を立て直し、予を安心させてもらいたい」

尊徳は謹んでお受けした。ああ、この主君にしてこの臣下がある。実に明君と賢臣の世にもまれなる巡り合いと言うべきではないか。

《付　記》

○武士に取り立て

尊徳は三十六歳で小田原藩の武士に取り立てられました。待遇は名主役格（村を治める役人。関西では庄屋、北陸・東北では肝煎《きもい》りと呼んだ）で、禄高五石二人扶持（武士一年間に米五俵を支給することを一人扶持と呼ぶ）でした。このほか現地手当てとして年五十俵を支給。桜町の復興費用として、毎年米二百俵と金五十両を支給するなどが決められました。

忠真公が尊徳を活用しようとしたのは、次の要因があったとされています。

第一は前述した家老の服部家の再建です。

第二は尊徳の表彰です。

第三には枡《ます》の改正です。尊徳は亡父や領民が熱望していた米の売買や年貢米納入などに使う枡（十八種類あった）の規格統一を進言したのです。

第四に五常講《ごじょうこう》の活用です。服部家に奉公中、用人・中間・若党・女中らの間で相互扶助を行い、その後、尊徳の発案により小田原藩の下級藩士の生活安定のためこの組織が出来ました。五常とは、儒教の教えの基本である〝仁・義・礼・智・信〟のことです。この道徳的なルールを守り、金銭貸借という経済的な行為と調和させたもので、講とは金融組合や相互扶助組織のことです。

尊徳はこの組織を作り、藩から三百両の資金の提供を受け、困窮していた小田原の武士たちに連帯責任によって貸しつけることにしました。後に、農民に対してもこの考えでお金を貸し、生活の安定をはかるようにしました。尊徳の重要な教えに〝経済と道徳の一致〟がありますが、その原点は五常講と言えます。

四．桜町陣屋において復興事業に着手

桜町に行く

尊徳は委任を受け、

「いま明君忠真公が不肖な私を認められて、荒廃した村を復興させ、民心を安んぜよとの御命令を発せられた。私は辞退し続けてきたけれども、殿様はお許しにならず、やむを得ず御命令をお受けすることにした。このような御命令を受けるとは全く考えてもいなかったことだ。

だが、殿様への忠義《ちゅうぎ》（主君や国家にまごころを尽くして仕えること。忠誠）を尽くそうとすれば、念願だった我が家の繁栄は出来ず、御先祖に対しての孝《こう》（父母を大切にすること）の道を果たすことは無理である。しかし先祖への孝を果たそうとすれば、殿への忠義の道から外れてしまう。同時に二つの道を行くことは不可能だが、忠と孝の道は一つの道であって二つの道があるのではない。自分の一家のことを考えるよりは、落ちぶれた何百軒のことを考えることが孝の道だろう。私利で巨万の富を得るよりも、多くの人のために働くことが孝だ。忠義を尽くすことがそのまま孝になるのだ」

と決意した。そして妻（先妻とは子供の死亡などもあって離縁。服部家の女中であった、波子十六歳と再婚していた）に桜町に行くことの苦労が嫌ならば別れようと話した。妻は「嫁となったら夫に従うのが務めです」と夫と行動することを誓った。

そこで、先祖の墓をお参りし、所有地の半分（約一・九ヘクタール）と家財道具を売り払って金をつくり、三月十二日、故郷を離れ、妻と共に息子の弥太郎（三歳）を連れ、江ノ島・鎌倉を回って江戸に行き、二十八日に桜町に到着した。

途中、物井村から一里あまりの谷田貝《やたがい》の宿に、名主と二、三人が出迎え、声をやわらげて、歓迎の様子を示しながら尊徳に言った。

「あなた様が御命令をお受け、当地においでくださると承りまして、村民一同の喜びはこの上ないものです。今お疲れを休めていただくため、少しばかりの酒肴《しゅこう》（酒と酒のさかな）をご用意しています。さあどうぞ」

と歓迎した。尊徳は、

「おまえさんたちの厚意はありがたいが、桜町に早く行きたいので、折角だがお気遣いには及びません」

と断った。同行の人が、あのように無愛想だったのはどうしてかと尋ねたので、尊徳は言った。

「大体、機嫌《きげん》をとりにやってくるのは何か悪巧《わるだく》みを持った人だ。私が来るのを聞いて、これまでの悪行《あくぎょう》が明らかになってしまうことを恐れ、誠意があると見せかけているだけだ。今までこの土地に派遣されて来た役人は、あの連中を善人と見誤って、彼らの悪知恵に騙《だま》されていたのだ。これでは復興など出来るはずがない。私は騙されないように善悪を見極めて、善行者を褒め称え、弱い者を哀れむ政治を広く行いたいのだ」

桜町の陣屋（役所）は、古い建物で、屋根は破れ、四方の壁はみな崩れ、軒下から草木が生い茂り、狐・狸・猪・鹿などのすみかという荒れ果てた状況であった。村の中も、田畑の三分の二はぼうぼうとした荒野となり、僅かに耕された田はあるが、怠惰な農家ばかりで、雑草がはびこり、作物はその下に押しつけられているありさまだった。

どの家もひどく貧しくて、衣食ともに不足し、破れた着物をまとい、糟糠《そうこう》（粗末な食物。酒かすと糠《ぬか》）を食べ、田畑を耕す能力もなく、僅かな利益を争って、訴訟はひっきりなしだった。男女とも酒飲みばかりで、博打《ばくち》（賭けごと）にふけり、私欲のほかはなにも考えず、人の不幸や災難を喜び、人を苦しめ、自己本位で生きていた。名主は役人の権威を笠に着て貧民をしいたげ、貧民は貧民で互いに仇敵《きゅうてき》のように憎み合い、利益を争うようなときは、すぐに武器をとって闘うというありさまだった。

尊徳はこのような土地柄の様相を見て、まず民家に住み、破損しているところを修理してから陣屋に移住し、三ヵ村復興の計画を練った。明け方から日暮れまで、一軒ごとに訪問して村民の艱難・善悪を察し、農業に精を入れているかいないかを見極めた。同時に田畑の境界を調べて、荒廃した土地の広さ、地味・水利を調べあげた。こうした視察は大雨・暴風・炎暑・厳寒といえどもやめなかった。

その後善人を賞し、悪人を諭して善に導き、貧民を保護・育成し、用水を掘り、勧農の道を教え、荒廃した土地を開墾して、領民安堵《あんど》（安心して生活できる）の良法を実施した。自身は、着られなくなるまで新しい着物を作らず、食事は一汁以外に食さず、外で食事をする時は、冷飯に水を注ぎ、味噌をなめるだけであった。村人が勧める食物は何ひとつ口にせず、

「おまえたちが怠け者だから、村がこんなに困窮したのだ。私が全力を尽くして、おまえたちの衣食が十分足りるようになるまでは、私も粗末な衣食に甘んじよう」

と言いきるのだった。そして夜になって陣屋に帰り、僅か四時間程の睡眠で起きると、

次になすべきことを考えた。全ての処置は少しも滞ることなく、手際のよさは水が低いところに流れるようであった。その人間わざとも思えぬ速さに人びとはいつも驚嘆した。

さまざまの妨害

このような艱難・努力は数えきれなく、そのまごころが通じて天地も動き、鬼神《きしん》も感応を示されるであろう。しかし、昔から愚かにもゆれ動く人の心は、目前のことばかりにあって、遠くを見ることができないものである。目の前の利害を争い、人の成功をねたみ、悪に流れるのは小人（徳・器量のない人）の常である。村内で悪知恵の働く者は、表面は尊徳の指図に従うように振る舞いながらも、隠れて妨害し、指示を出すたびに異議を申し立て、愚かな者を煽動《せんどう》してその事業を失敗させようとはかるのだった。

例えば荒廃した土地を開墾しようとしても、「従来の田畑でも耕作できないのに、新しく開墾した田を耕すことなど無理です」と協力しなかった。また、人手不足を解消させるため、加賀国（石川県）や越後国（新潟県）から移民を招き、家や家財・農具・衣食を与えて村民の仲間に加えようとすると、「逃亡してきた人たちだ」と言って彼らをいじめ、難題を与えて苦しめるのだった。移民が我慢できずに他領に逃亡すると、「生国《しょうごく》を出てきた無頼の者を連れてくるから、また逃亡したではないか」とあざけった。

田畑の境界を正そうとすれば、「古くからの検地帳はもうなくなってしまった」などと邪魔をした。他方で貧しい者をいやしめ、その田を僅かな貸金によって奪い取り、逃亡に追い込んでいた。

そして荒廃した田畑を勝手に耕して、収穫物は全て自分の物とし、年貢を出す必要がある田畑には肥料をやらず、「土地が悪くて出来がよくないのです。年貢を減らしてくださらないと百姓はみな離散してしまうでしょう」と訴えるのであった。

こうして、妨害者はさまざまな訴えを出したりして毎日陣屋でもめごとを起こした。こうすれば尊徳が復興事業を実施する時間がないだろうという考えであった。そうした妨害にもめげず、尊徳は様々な訴えをさばき、もっぱら勧善懲悪《かんぜんちょうあく》の道理を明らかにして敢えて刑罰を行なわず、ついに訴訟をなくすことに成功した。

他方、小田原の忠真公は、復興事業は尊徳一人では無理と考え、数人の役人を下野に派遣した。宇津家からは横山周平が協力した。この横山は清廉・実直な人柄で、学問の心得があった。尊徳の方針を厚く信頼し、ともに一身をなげうって力を合わせて復興事業を行った。しかし病気がちで、数年後に亡くなってしまった。尊徳は一生の間、横山をなつかしみ、この人の話になると必ず涙を流した。

五．桜町仕法の初期

小田原から派遣された役人の中に尊徳に協力的でない者もいた。なかでも豊田正作《しょうさく》は非常に強情で邪悪な人で、尊徳の仕法（再建計画）を妨害した。村内では、

「この件は二宮が命じたと言っても私は許可していない。ただちに中止せよ。もし従わなければおまえらを罰してやる」

などと脅すので、村民は恐れて尊徳の指揮に従わなくなった。豊田は真面目な良民を退け、自分に従う者を褒め、酒を飲みながら作業の邪魔をした。尊徳は困って、仕法の妨げにならぬようにと忠告したが聞き入れなかった。


尊徳はこう考えた。

「やれやれ、小田原十万石の力をもってしても彼一人をどうすることもできず、私に付属させればきっと悔い改めるだろうと考えて、この地に出張させたのだろう。もし彼から身分を取り去って、その後私に付属させたなら、私が彼を善に導くことはそれほど難しくは

ない。しかし身分が私の上にあるままでこの地に来させた。だから私を目下に見て、事業を妨げ、村人たちもまたその言葉に従って、一緒に私の方法を失敗させようとはかっている。これを正そうと年月を重ねると、私はそのために事業に失敗するだろう。仕方がない。彼の好むところに従って対処する以外に道はない」

そしてひそかに妻に命じた。

「豊田は生来、非常に酒好きだ。朝起きるのを待って酒肴を用意し、彼にこう言うのだ。『あなた様がこの土地にいらっしゃって以来、村のためにお骨折りになったことは容易なことではありません。せめては一杯お飲みになってその御苦労をいやして下さいと、夫がわたくしに言いつけて村へ出かけました』とな。一日じゅう酒肴が切れないように。これもまた、私の事業を成功に導く一端である。決して失敗してはならぬ」

妻は言いつけどおり、酒や肴を出した。豊田は大いに喜んで、毎日その酒肴を楽しみとし、村内に出かけなくなった。よこしまな農民がときどき来たけれども、彼は泥酔していて言葉もはっきりしないので相談することができなかった。

尊徳はこの間に困窮民を撫育《ぶいく》（慈しみ育てる）し、荒地を開くなど復興のための諸事業に全力を尽くした。

《付　記》

○辞職願の提出

尊徳は様々な妨害に嫌気がさして、成田山に行く前年、物井村の名主に持参させて江戸の小田原藩邸に〝二宮金次郎辞職願〟を提出しています。

○豊田正作のその後

小田原藩では尊徳の失踪の主因として豊田正作を罷免《ひめん》しました。この処置に対して、豊田は騙されたと後悔しています。小田原藩では尊徳の失敗を期待しており、そのために自分は桜町領に行かされ、尊徳に対して妨害を行ってきたというのです。豊田は尊徳の献身的な仕事ぶりは理解していたので、追放された後、尊敬の念を深め、尊徳と共に仕事をやりたいと願い、六年後の一八三五（天保六）年二月、再び桜町領勤務となり尊徳の手足となって働いたとのことです。

六．桜町仕法の難関

尊徳は村々の復興のため懸命に努力したが、その行いには村人への温かい仁（思いやり）の心が込められていた。例えば、戸数を増加させようと他国から移住して来る人びとを歓迎し、多くの支援を行った。ある人が、

「移住民に対してどうしてそんなにも手厚く面倒をみるのですか？」

と尋ねたとき、尊徳は言った。

「自分の子供には血を分けた者がもつ特別な親しさがあるが、移住民に対しては、この親しさがあるわけではない。特に生まれ育った国を去って来るものには無法な民が多い。こうした人たちをこの土地に永く住まわせるためには、我が子を育てるよりも手厚く世話をしなければならないのだよ」

尊徳の保護育成は他国からの移住民にさえ手厚かったから、在来の村民に対してはこれ以上だったことは言うまでもない。貧困によって家を失った者には家や田を与え、租税を免除し負債を償い、農具や衣類を与えるなどあらゆる面倒をみた。しかしこのように恵み

を与え救おうとしても無駄に終わったことが少なからずあった。

尊徳はその理由を、

「枯れ木には、どんなに肥料を与えても再び茂らせることは出来ない。他方、新しい木に肥料をやればすくすくと生長する。これと同じだ。ならず者は悪が積もって滅びようとしているのに、一時の援助を施すことは良いことなのであろうか。こうした援助は仁に見えても、実は不仁に当たるのではないか。それならば彼らが心を改め、農業に精を出すようになった後に恩恵を施すようにすれば、新しい木が育つように永続の道に達するであろう。しかし何度教えても道に背いていくならば助けるべきでない。その者が滅びた後、その親族の中の実直な者を選んで、その家を継がせれば新しい木に肥料をやるように再び盛んになるであろう。これまでのように、どんな者にも恵んだのは誤った手段であった」

と考えて、心を改めた人には恵みを施し、改めない者には困って他国に逃げようが恵みを与えなかった。

これを見て小田原から出張していた役人は、

「貧民の中に、家を失い逃亡する者がいるのにそれらを見過ごし救わずして、どうして衰えた村を復興できるか。二宮の仕法は何が良いのだ？」

と尊徳に激しく迫った。

尊徳は前述の趣旨で説得したが、役人は理解出来ず、「尊徳の仕法は民を苦しめ虐げるものである」と小田原藩に訴え讒言《ざんげん》（人を陥れるため、事実をまげて、その人を悪く言う）した。忠真公はこれを聞かれて、

「そちどもの訴える通りならば二宮が間違っているが、一方だけの言い分だけで事の正否を決めることは出来ない。二宮を呼んでどちらの言い分が正しいか明らかにせよ」

と命ぜられたので、尊徳は江戸に出頭した。

忠真公の尋問に対して尊徳は、

「今、事業が半ばにして、このような訴えがありましたことは私の不幸だけでなく、我が殿の不幸でもあります。私は人を不当とする気持ちはございませんので何も弁明しません。速やかに私の任務を解かれ、訴えた者にこの事業をお任せください。彼らが村を再興出来ましたらまことに幸いで、それこそ私の願うところであります」

と述べた。忠真公はもとより尊徳を信じており、尊徳の積年の労苦をねぎらいつつ、

「そちを疑うのではない。どちらが間違っているかはわかっている。そちの深い知恵は凡人には理解出来るところではなく、訴訟・讒言は小人の常である。すぐに讒言した者の罪

を糾《ただ》そう」

と言われた。そこで尊徳は、

「彼らには何の罪もございません。これは讒言ではなく私の意図を十分に理解せずに、農民の禍いになってはいけないと恐れたことで、復興したいという思いは私と同じです。ですから、殿がもし彼らを罰せられるならば私もこの任務を辞退いたします。お願いですから彼らを慰労し、永くこの事業を果たすようお命じください。そのうちに私の意図を理解することでしょう」

と訴えた者を庇《かば》った。忠真公は非常に感心され、訴えた者たちに、

「おまえたちの浅知恵で、どうして二宮の遠大な心を知ることができようか。それを知らずに軽率にも訴えたことは重大である。ただちに罪に処すべきであるが、二宮はおまえたちを哀れんで、協力して事業を成功させたいと懇願している。この奇特な志に免じておまえたちを許すことにした。再びこのようなことを訴えたならその罪は免れぬぞ」

と申し渡した。訴えた者はこれを聞いて、尊徳の広い心と深い思慮を理解し、下野に帰り共に仕法を行ったという。

七．成田山に祈願する

桜町の復興事業は様々な妨害によって七年経過してもほとんど進展せず、尊徳は嘆いていた。尊徳は一八二九（文政十二）年正月、恒例の江戸での挨拶参りを済ませ、その後、誰にも知らせずに、川崎大師などの神社仏閣を参拝した後、不動の信念を求めて成田山（千葉県成田市新勝寺）に向かった。復興事業が進展しないのは自分の誠意がまだ足らないからであろうと思ったためである。

尊徳が成田に到着し宿屋で、

「私は成田山で断食して祈願する者だ。宿を頼む」

と言うと主人は承知した。しかしその風采《ふうさい》を怪しんで、住所と姓名を聞いた。尊徳が「小田原藩の者である」と答え、七十両を預けた。ところが主人はその大金を一層怪しんで「今日は混み合っていますので、別の宿を探してください」と一転して断ったのだった。

尊徳は、

「いったん承知しておきながらどうして断るのか。私は願いがあって成田山で祈念しようとする者だ。何を疑っているのだ！」

と大声で怒鳴った。身長百八十センチで体重は九十数キロ、日焼けした顔で眼光が鋭い尊徳の巨漢に恐れをなして主人は謝った。しかし不安が消えず、江戸の小田原藩の藩邸に人を遣わせ、二宮とはどんな人かと尋ねさせたところ、小田原の家臣が「二宮はたしかに当藩の者で立派な人物だ。決しておろそかに扱ってはならぬ」と述べたと言う。そこで宿屋の主人は安心し、新勝寺の学識深い名僧の照胤《しょういん》を紹介した。

かくして、尊徳は三月から最も厳しい二十一日間の断食をして、上は忠真公の心を安んじ、下は百姓を救うことを祈願し、毎日数回水を浴びて身体を清浄にし、昼夜怠りなく祈念した。二十一日目の満願の日にそのまごころが仏に通じ、大願成就の霊験《れいげん》（祈願のご利益）を得られたという。

他方、桜町では尊徳が突然姿を消したのを驚き、人を四方に走らせて、捜したけれどもわからない。ひとりが江戸に上って、尊徳が成田山に行って断食し祈願していることを聞き、桜町に帰ってこれを知らせた。早速、小路只助という者が陣屋を出発し、成田におもむき、尊徳に言った。

「三ヵ村とも非常に先生の御不在を悲しんで今後は万事お指図に従って、努め励みたいと願い出ております。どうか先生、人びとの心労を哀れんで、ただちにお帰りください」

この日はちょうど断食祈願二十一日間の満願の日であった。尊徳は喜んで下野国に帰った。人びとは驚いて言った。

「いかに丈夫で元気な人でも二十一日間の断食をしたら身体が疲労して、僅か数里を歩くことも難しいのに、二十里（一里は約四キロメートル）とは、全く普通の人には出来ないことだ」

これ以後、村人たちは尊徳の優れた行いに感化され、出張してきた役人も良法の尊い理由を理解し、内外の妨害が解消したため、仕法の活動を発展させることができた。

《付　記》

○成田山での祈願

成田山新勝寺の御本尊は不動明王で、尊徳は、『夜話』では次のように語っています。

「私は壮年の時、小田原公の命を受けて下野国物井に来ました。そこで、成功するかどうかにかかわらず、背に火が燃えつくほどのことになっても決して動くまいと死をもって誓いました。不動尊は〝動かざれば尊し〟と読みます。私はその名義と、猛火が背を焚《た》いても動かない像形を信じ、この像をかけて、妻子にその心のほどを示しました。私が今日に至ったのは、不動心の堅固一つにあります。そこで今日もなおこの像をかけて妻子にその心のほどを示すのです」（夜話五十）

成田山で尊徳は自分の思想を練り上げたようですが、「一円」という考え方もその一つです。尊徳によれば、世の中は、陰陽、善悪、強弱、遠近、貧富、男女、夫婦、老幼、苦楽、禍福、生死、寒暑など、互い対立するもので成り立っているが、これらはそれぞれ円の半分で、対立する別の半円と合わせて、一円となるというのです。

名経営者の松下幸之助も、「視野を百八十度まで広げてみても、物事の半面がわかっただけだから、三百六十度を見渡さなければならない。それが、真の融通無碍《ゆうずうむげ》、つまり解脱《げだつ》というものではなかろうか。……日本と外国、生産者と消費者、自然と人間、人間と社会環境、全と個、企業の経営者と従業員、会社と取引先、会社と地域などをはじめ、万事について対立的に取り上げることをやめ、広い視野をもって、双方をうまく調和させるように工夫してゆくことが、平和で繁栄する社会をつくり上げるうえで、極めて大切なことである」と述べています。

コラム

○金次郎の愛読書

金次郎は母から文字を習っていました。そして父は読書好きで多くの本を所有していたので、読書家としての下地はあったのです。金次郎の愛読書は『大学』でしたが、この『大学』を講談社の学術文庫で訳注した宇野哲人はその序文で、次のように書いています。

「このごろはあまり見かけないが、以前は小学校の校庭や玄関先に、必ずといってもよいくらい、薪を背負い本を読みながら歩いている二宮金次郎の石像が置いてあった。あの二宮金次郎の読んでいる本は何か、ということも、昔の人は大抵知っていたが、今では知る人も少ないのではなかろうか。実はあれこそこの『大学』なのである。あの偉大な二宮尊徳の思想と功業も、その基礎はこの『大学』にある。……この書物は、儒教の政治思想の根幹を極めて要領よくまとめたものである。さればこそ、二宮尊徳はこの書物を熟読玩味することによって、（もちろんそれだけではないけれども）あれだけの仕事をなしとげることができたのである。……」

○金次郎の銅像

戦前の小学校ではどこでも〝金次郎の銅像（石像）〟があったとのことですが、今はあまり見られません。近年では、〝歩きスマホ〟と同じで真似をすると危険だからと撤去されたり、座って本を読む像に換えたりしているものもあるようです。

金次郎の銅像が少なくなったのは、戦後の連合国総司令部（GHQ）の指令により廃棄されたのだとも言われていますが、実際は、戦時において鉄とか銅などの金属が兵器製造などのため供出され、銅像も失われてしまったのです。

ちなみにGHQの指令というのは、学校内や公共の建物、公共用地にあるもので「軍国主義的、極端な国家主義的思想の鼓吹《こすい》を目的とするものは撤去せよ」というものです。この指令で追放された銅像のなかに、二宮金次郎（尊徳）の名前はありません。アメリカ主体のGHQは、尊徳を立派な人物として評価していたのです。これは、尊徳が占領下の一九四六年に、日本銀行券（一円券）の肖像画に採用されていたことからも明らかです。

戦争末期、アメリカは戦争を早く終わらせるために、航空機でばらまいた宣伝ビラの中で「二宮尊徳は、リンカーンにも比すべき平和主義者である。尊徳主義に返るとき、永遠の世界平和が訪れる」と訴えていました、尊徳がいかに当時の日本人に敬愛されていたかを知っており、またアメリカの有力者のなかにも尊徳の人物像を知っていた人がいたことを示しています。

巻の二

一・開墾人夫を賞する

桜町の物井村の荒地を開拓した時のことである。この荒地は村内の農民だけでの開拓は無理だったので近隣の他国の者も雇って開拓した。尊徳は、工事の際は人夫の仕事振りを見極め、信賞必罰を行った。

現場を監督する小田原から来ていた役人が数人いた。ある時一人の人夫が目立って汗を流し働いていたのを見たこの役人は、大いに感心し、

「彼は人並み以上に努力し実に働き者だ。きっと先生はこの男を褒め称え、人夫の手本とするだろう」

と思っていた。しかし尊徳は何度かこの人夫の働き振りを見ていたが何も言わなかった。

しばらく経って、尊徳がその人夫に大きな声で言った。

「おまえは一所懸命に働いている振りをして、私を騙そうとしているが、実にけしからん。私がここへ来ると目立つような働きをするが、私がいなくなれば怠けているに違いない。人の力には限りがあるのだ。少しも休まずにそのように働いていたらおまえは倒れてしまうはずだ。もし出来るというなら私が一日中ここにいて試してみる。どうだ出来るか？」

人夫は驚いて地に平伏したまま答えなかった。そこで尊徳は、

「おまえのような不真面目な者がいるとみんなが怠け者となってしまう。人を騙すような者は使わないから早く立ち去れ。二度と来るな！」

と怒鳴った。これを見て役人が謝罪させ、人夫は謝り慈悲を請うた。尊徳はこれを許した。人びとは尊徳の人を見る目の確かさに感心した。

別の人夫がいた。齢は六十歳ぐらいで朝から晩まで木の根株だけを掘り続け、人が休んでいる時も働いていた。仲間が少しは休めと勧めても、老人は、

「働き盛りの者は、少し休めば十分に働けるが、私は年寄りなのでそんな力がない。一緒に休んでいたら何の仕事も出来はしないよ」

と言うだけだった。役人は、この老人の働きを見て、

「あの老人が毎日木の根掘りばかりしているのは、開墾の骨折りをするのが嫌だからに違いない。毎日の働きは他の人夫の三分の一にも及ばないのに、先生はなぜ老人をやめさせないのだろうか」

と不思議に思っていた。その後、開墾が終了した時、尊徳は労苦をねぎらい他国から来た人夫も帰郷させた。この時、この老人を陣屋に呼んで尋ねた。

「おまえの生まれはどこだね？」

老人は、

「私は常陸の笠間領（茨城県）の農民です。家は貧乏ですが、息子が一人前になっているので、野良仕事は息子に任せ、少しは貧乏の足しになると思って御当地に参りました。旦那様はこの老いぼれをお捨てにならず、仕事をくだされ、みんなと同じ賃銀をくださいました。本当に有り難いお恵みでございます」

と言った。尊徳はそこで、

「おまえは他の者に増してまことの心を持って働いたので、僅かだが褒美としてこれを与えよう」

と十五両（約六十万円）の金を差し出した。すると、老人は驚いてその金を受け取らずに言った。

「身に余るお情《なさ》けでございますが、私はこのような御褒美を頂くわけには参りません。前にも申し上げましたように、老いぼれで一人前の人夫の仕事ができませんのに、みなと同等の扱いをしてくださいました。それだけでも、もったいないことだと存じております。その上、今、このような大金をいただいては、私の身の置きどころがございません。私は決してお受けいたしません」

するると尊徳は、

「遠慮することはない。私はこの土地を再復するために、多くの人夫を使っている。その人々の実際の働きを見定めないで、いい加減に褒めたり叱ったりはしない。おまえの数ヵ月間の働き振りを見ていると、一度も自分の力を認めてもらおうとしていなかった。他の大勢の者は、簡単な所を選んで、争って開墾が多いことを上の者に見せようとしていたのに、おまえだけは一日中骨を折って、少しも見栄えのしない骨折りの仕事をしていた。

おまえが木の根を掘り起こすことは数知れず、普通の所の開墾に比べればその働きは何倍にも相当する。そのために開田がこんなに早くできたのだ。これは全くおまえの実直な働きのお陰だ。それを褒めずにいたら、これから先どうして工事の成績を上げることができよう。

おまえは家が貧乏なため、他国に出て稼ぐのだと言った。それなのに目の前に与えた金さえも辞退した。その正直な気持も他人の及ぶところではない。今与える金は、天がおまえの正直を哀れんでお下しになったものと思い、早く持ち帰って貧苦を逃れ、老後を養う足しにするがよい。そうすれば私も喜ばしいのだ」

と、再び金を与えた。

ここにおいて老人は尊徳の言葉に感動し、涙を流しながら合掌《がっしょう》して、金を押し頂いて故郷に帰って行った。小田原の役人も村民たちも、初めて老人が並々の者でなかったことを知り、尊徳の善人を賞する手厚さと、その明敏さとに驚嘆したという。

二・横田村の名主円蔵を諭す

桜町の横田村は、民家が昔の半数に減少し田地は荒れ果てて衰退していた。名主の円蔵は名家で、まだ生活に多少余裕があったので家を建て直そうとした。しかし二十両足らないのでそれを尊徳に借りたいと頼みに来た。これに対して尊徳は、

「そもそも名主の仕事というのは、村民を指導し貧しい者を救い、農業に専念して年貢を納め、村の憂いがないようにさせることではないのか。おまえの村は衰廃し貧困もはなはだしいのだから、名主はこのことをまず嘆き悲しむべきである。それにもかかわらずお金を借りて家を新築したいと考えるなんて大間違いだ。

おまえにまことの心があるならば、自分の家産を減らしてでも節倹を尽くし、余財を産み出し、それによって荒地を開き、村の復興の道に力を尽くすべきなのだ。もし殿様がおまえの行いを知ったら忠義の心があると思うか。また皆が苦しんでいる状況で新築などすれば、村民も恨みを抱き、おまえの不心得を非難するにちがいない。村民がそうした考えを持ったならば、どんなに立派な家を建てても安住することは出来ないだろう。貧民の家はおまえの家とは比較にならない程に破損しているのだよ。

しかし私に金を借りに来なければ、このようにおまえの不心得を教える機会はなかった。私の言うことがわかったら新築はやめなさい。そして私から二十両借りたものとして、今から五年の間にその二十両を私に返金しなさい。それは出来ないというのなら、私に返す金がないのに借りようとするもので私を騙すものではないか。その代わり、私に返金している間は、村民を救い荒地を開拓するという、名主としてのおまえの仕事は私が代わりに行ってやる。そして村民が安堵することが出来た時には、新築の望みをかなえてやろう。そうすれば村民の恨みはないのだ」

と戒《いまし》めた。円蔵は納得してすぐに建築をやめ、尊徳の教えに従って、金を借りずに毎年返金を納め、さらに利息をも納めた。それだけでなく屋敷内の竹木を切り、それを売って全て尊徳の仕法のための資金とした。

後年、横田村が完全に復興したとき、尊徳は円蔵に村で最大の家を建て与えた上に、円蔵の子弟に対しても分家二軒を建て与えた。円蔵は尊徳の教えによって思っていた以上の幸を得たのである。尊徳が凡人を導いて過ちを改めさせた指導にはこのような例もあった。

三、物井村の岸右衛門を導く

物井村の百姓に岸右衛門という者があった。少し才知があり吝嗇《りんしょく》で強情な性格であった。尊徳が懸命に衰えた村々を興し、民衆の生活を安定させようとしていることをあざけって、村民が尊徳になつくのを邪魔すること七年に及んだ。岸右衛門に何も言わないのは、自ら後悔する時が来るのを待たれたのであろう。

しかるに、尊徳の仕法の成果が次第に現れてきたので、岸右衛門は、

「以前、小田原からこの地に派遣されてきた者は何人もいたが、皆一年足らずで辞めている。二宮氏の場合も、失敗すると思っていたのに成果が日々に出ている。このまま村の再興ができたら自分は罪人として非難されるに違いない。今のうちに謝罪しておいて復興の事業に力を尽くし、後々の評判を取った方が得策だ」

と考え直し、尊徳に協力したいと人に言わせた。尊徳は彼の旧悪をとがめずその願いを許した。岸右衛門は陣屋に来て、

「これまでは協力しなくて申し訳ありませんでした。これからは先生の指図に従って力を尽くします」

と言った。そこで尊徳は岸右衛門に仕法の大意と人倫の大道を教えた。岸右衛門はその道理を聞き大いに感激した。

その後は毎日村に出て土木工事の先頭に立って力を尽くしたが、村民たちは岸右衛門のこれまでの人柄を知っているので、彼の言葉には従わなかった。岸右衛門はこれに憤慨《ふんがい》していた。そうした岸右衛門に対して尊徳は、

「おまえは以前の過ちを改めて尽力しているが、村民にその本意がわかるはずはない。お

まえが私欲を捨てないかぎり、人はおまえを信用しないだろう。私欲を捨て去るにはおまえの蓄えておいた金銀・家財道具だけでなく、田畑も全て売り払って困窮民を救うための費用とすることだ。そのように村民のために力を尽くすなら、人間の善行としてこれより大きなものはないのだ。

自分だけが利益を得て他を顧みないのは鳥獣の道である。私の言葉どおりに至善を行うならば、おまえの心は清浄に返り、村民たちもその行いに感心し、おまえを信用して言うことを聞くようになるだろう」

と諭《さと》した。岸右衛門はこれを聞いて、そんなことをすれば一家がすたれてしまうだろうと悩んだ。そこで尊徳は、

「おまえが決心できないのは、一家を失い、父母妻子を養う道がなくなることを心配するからではないか。だが、おまえが一途にこの善の道を歩もうとして、一家も田畑もなげうって尽くしたならば、私が、おまえたち家族の飢渇《きかつ》（飢えと渇き）、死ぬのをどうして見過ごすことができようか。

おまえにはおまえの道があり、私には私の道がある。三ヵ村の興廃は私の一身にかかっている。無頼のものが自業自得で一家を失うようになったのさえ、撫育を尽くしてこれを

再復し、安堵させようとしているのだ。しかるに今おまえが、上は君のため、下は村民のため、私財をなげうって撫育の道を行うときに、飢え死にさせたのでは、私の三ヵ村復興の事業が立たぬではないか。私はただ、これだけ言ってもおまえが私欲を去ることができず、生涯鳥獣と同列にいて、空しく朽ちてゆくことを嘆くだけだ」

と哀れんだ。

岸右衛門はこの一言に感じ、

「先生は私を哀れんで、君子の行いを教えてくださいました。お教えに従ってこの人道を踏みます」

と、家に帰り、尊徳の教えを家族に話した。しかし家族は驚いて、そんなことは出来ないと泣き叫んだ。このため岸右衛門の決心はゆらぎ、「女子供が言うことをききません」と、使いの者に頼んで言わせた。

尊徳はこれを聞き、

「これは岸右衛門の一心にあるのであって女子供にあるのではない。岸右衛門の心が目の前の欲にとらわれているからなのだ。ああ、小人はもとより君子の行いを実践することは出来ない。このような者に教えを与えたのは私の過ちであったか」

とため息をついた。使いの者は帰って岸右衛門に尊徳の言葉を告げた。岸右衛門は深く心に感じて、「全く自分の心が定まらないためだ。何も家族の反対のためではない」と田畑と家財道具を売り払い、百両余りを持って陣屋に来て、

「私のような者には到底撫育の大道を行うことができません。どうぞその代わりにこれを先生の撫育助成の資財に加えて村民を撫育してください」

とお金を差し出した。尊徳はその志を褒め、その願いに応じた。そして岸右衛門に、全力で荒地を起こせと命じて開墾に従事させ、人夫を動員して開発を手伝わせ、すぐに数町歩の田を開いた。尊徳は、

「この開墾田はおまえが売り払った田地より優れたものだ。今年からこの田を耕すがよい。売り払った田は五公五民であって、産米百俵ならば、租税として五十俵を出さねばならぬが、新しいこの開墾田はその必要がない。百俵できれば百俵全ておまえのものとなり、七、八年後まで年貢を出す必要はないのだ。おまえは年貢のかかる田地を捨てて困窮民を救った上、無税の田を得た。これを耕せば一家の生産は以前の倍になるだろう。これこそ両全の道（両方とも完全であること）と言うのだ」

と開墾した田を岸右衛門に与えたのだった。

岸右衛門は尊徳の先を見通した処置に驚き、大いに喜んで力を尽くした。岸右衛門が外には村民の信頼を得、内には以前に倍する幸いを得たのは尊徳の良法によるものである。

《付　記》

○岸右衛門について

性格の強い面はあったようですが、一八二三年の仕法着手の時から、何度も表彰を受け、年末には年貢の一年間免除・領主直書《じきしょ》の褒章を受けています。尊徳が成田で行方不明の際には有志十三名と共に江戸に行き仕法継続を嘆願し、その後も仕法世話掛として活躍、一八三四（天保三年）年には一代名主格を申し付けられています。

四．天保大飢饉に備える

一八三三（天保四）年の初夏は天候不順で雨が続いた。あるとき尊徳が茄子《なす》を食べると、秋の茄子のような味がしたので作物の生育が遅れるのではないかと心配した。そこで桜町三ヵ村の農民に、

「今年は作物が実らないから凶作の準備を怠らないようにせよ。一反歩の年貢を免除するからそこに稗《ひえ》をまいて飢渇を免れるようにしなさい」

と指示した。農民たちはこれを聞き、

「先生がいかに優れた知恵者といっても、前もってその年の豊凶を知ることなど出来っこないよ。また稗はどんなに貧乏に苦しんでも食べたことがないのに、これを植えつけるとは無駄なことをなさるものだ」

とあざけった。しかし指示に背いたら罰せられると思い稗を植えた。

その後、盛夏になっても低温が続き作物は育たなかった。このため関東・奥羽地方では飢えに苦しむ農民が数多く発生したが、三ヵ村の農民は、稗で食料の不足を補ったので一人も飢えに苦しむ者はなく済んだ。翌年になると尊徳は、

「天体の運行には周期があり、飢饉《ききん》（農作物が実らず、飢え苦しむこと）は遅くて五、六十年、早くて三、四十年ごとに必ず訪れるものだ。去年の不作はたいしたことはなく、まだ飢饉の年に当たっていないようだ。しかし間違いなく近年のうちに大凶作は来る。おまえたちは用心してそれに備えておきなさい。そのため今年から三年間、去年のように年貢を免除するから、稗を植え飢渇の苦しみから免れてほしい。もし怠った者がいたら名主は私

に報告せよ」

と命じた。三ヵ村とも昨年の予言が当たり、飢饉の苦しみを免れたので、今度は素直に稗を作った。こうして三年後には稗は数千石となり非常時への備えが整った。

一八三六（天保七）年は五月から八月までは気温が低く雨の日が多く、ひどい飢饉に見舞われ、天明の大飢饉よりも厳しいところもあった。特に関東・奥羽では餓死した人が道端に横たわり、道行く人は涙を流し顔をおおって通り過ぎる程であった。しかし桜町三ヵ村の農民だけは難を免れた。

尊徳は農民たちに、

「飢饉のために餓死したものは幾万人もいた。まことに悲痛の極みである。しかしおまえたちは事前に対処したので一人も飢渇の苦しみを味わわず、普通の年と変わらずに暮らすことが出来る。しかしこれに安心してのんびりとしていたらその天罰は恐ろしいぞ。おまえたちは世間の人びとの飢渇を思いやり、朝と夜は縄を綯い、昼は精一杯田畑を耕作しなさい。こうして十分な収穫が得られれば、どの家も永続する基礎ができて、天災が変じて大きな幸いとなるにちがいない。決して怠けてはならない」

と諭した。三ヵ村の農民は大いに感動して家業に励み、さらに幸福を得たのであった。

五．桜町三ヵ村、十余年で復興する

尊徳は下野国に着任して以来、土地の回復と民心安定の良法を実施した。その方法は、荒廃した土地を起こし、絶えた家を興して、困窮した農民を救済し、家屋を与え、衣食や農具や家財道具まで恵んでやり、善行の者には、莫大な褒美を与え、正直な者の言うことは取り上げて、心の曲がった者はさしおいた。すると悪人や不正直な者は自然に自分の間違いを改めた。

そして善行を積ませ、人の踏み行うべき道を教え、農業に精励するようにと導いた。こうした政策が功を奏して、農家の戸数が増え、荒廃地の数百町を開墾した。以前には四百軒以上で耕していた田畑も、いまは二百軒足らずで耕作が可能となった。このため田畑が少ないことを嘆くほどになり、従来の困苦から免れ、家業を楽しむことが出来るようになった。

良法を開始してから七年間は、多くの妨害によって成功の目途《めど》が立たなかった。しかし、まごころが通じたのか、鬼神の助けがあったのか、八年目に入ると民心が一変し、その後

三、四年のうちに復興事業が成功したのである。

ここにおいて尊徳は、年貢の過大が疲弊《ひへい》の極をもたらしたとの結論を確認した。そこで田畑の良し悪しに応じて生産高の多少を調べ、三公七民とし、二千俵を収入とする宇津家の分度を確立した。これは、忠真公の命令をお受けした時に申し上げた数量であった。

宇津家は従来の倍の年貢を得て喜び、村民もまた従来の年貢より千俵以上も減ったことに莫大な恩恵を感じ、ますます耕作に力を入れ、ゆとりを得ることができた。尊徳の長年にわたる努力の甲斐があって、三ヵ村とも衰亡を免れ、田には雑草も残っておらず、五穀はよく生い茂り、道も平坦で水利も便利となった。他国の旅人がこの村を通ると、その景観の見事さに驚き、下野や常陸にはまれな裕福な土地柄だと褒め称えた。

こうした尊徳の功績は四方に知れ渡り、荒廃した村の復興の方法を聞きに来る者は数えられないほどであった。隣国の諸大名もまた礼節を尽くして、領内の復興の方法を尋ねてきた。尊徳は、もとよりその任ではなくまたその暇もないからということで、こうした要請を固く辞退した。

六．無法な農夫を改心させる

仕法の初期のことである。桜町の物井村に、大酒を好み、博打にふけり、家業を怠り、貧困も極まっていた、どうしようもない農民がいた。ある日、尊徳の下男《げなん》（下働きの男）が物井村に使いに出向いた時、途中でその農民の便所を使おうとした。便所は竹で支えられただけの粗末なもので、竹に触れると倒れて屋根が落ちてしまった。その農民は、壊したのは尊徳の下男だと知って大いにわめいた。

「貴様は二宮の下男なのか。それならなおさら勘弁できぬ。人の便所をぶち壊すとは乱暴狼籍《ろうぜき》というものだ。思い知らせてやる！」

と、六尺棒を振り上げて打とうとした。下男は驚いて陣屋に走り帰った。彼はその後を追いかけ、陣屋に来て、「おれの便所をぶち壊した狼籍者を出せ」と怒鳴った。尊徳はこの騒ぎを聞き、

「その男に私が会おう。ここへ連れて来なさい」

と言った。そこで彼は尊徳の前に出て、

「おれの便所があんたの下男に壊されたのだ。百姓に便所がなくて一日も農業ができるものか。村民の便所を壊すとはどういうわけだ。おれにあの下男を渡してくれ。十分に腹いせをしてやるから」

と怒気盛んに言った。尊徳は落ち着き払って、笑いながら言った。

「確かにおまえの便所を壊したのは、私の下男が悪かった。そのような便所ならおまえの母屋《おもや》も定めし破損があろうと思うがどうかね。この際、便所だけでなく、家も直してあげよう。そうすれば下男にも恨みはなかろう。下男が壊したのが縁で家が新築される幸いが来るのだから、いわば下男は恩人だろう」

そして、新しい家をつくってやったのだった。その無法な農民は尊徳の好意に感謝し、その後は農業に力を尽くし、数年来の窮乏を免れ、良い人物に変わった。そして、尊徳の情け深さを人々に話して涙を流した。物井村の人びとは尊徳の人柄を知り、汚れた気風が一変したのだった。この話は家を直しただけでなく、無法者の心も直した話で、人物に応じて善に導いた一例である。

奥州のある代官（幕府の直轄地や各藩で土地を管理し農政に当たった役人）がこのことを聞き、大いにあざけって言った。

「二宮の道は大道でなくて小道というべきである。悪人に大恩を与えるならば、どうして勧善懲悪の道が行われよう。これでは一人に対しては行えるが、万人に行なうことができない。聖賢の道は万人に対して行なうべき大道である。ゆえに、このような小手細工を用いるのは聖人の道を知らないためである」

ある人はこれを聞いて「高論《こうろん》（高い見識のある議論）である」と言って大いに感心した。後にこの代官は、博打打ちに金五両を貸してその行いを改めさせ、美名（良い評判）を取ったという。これは表ではあざけり、陰では先生の行いを真似たのである。

高慶が考えるに、何と融通のない代官の言葉であろう。およそ聖人が民に対して、その旧来の汚れを去って固有の善に返らせるには、全て尊徳先生のようにするのである。そして、その汚れを去って善に返すために、臨機応変の手段があってならぬはずはない。

物井村の農夫に至っては、悪賢くてにわかに教えを施しても効のないことを先生は知っておられた。ゆえにまず恩を施してこれをなつけ、感激反省して改心するようにさせ、その一人の悪人を感化することによって三ヵ村の民を皆善に帰せしめられた。これが大道でなくて何であろう。

かの代官は浅学でもとより先生を知るに足らない。その言葉に感心したある人のごときは論外である。

七．辻・門井二村の名主を諭す

ある日、尊徳のところへ真壁《まかべ》郡（茨城県）辻村の村長の源左衛門と門井村の村長の藤蔵とが訪ねて来た。この二つの村は旗本（将軍直属の家臣のうち知行高が一万石未満の者）斎藤氏の領地である。

斎藤氏は領内の経済が上手くいかず、負債が多く、しばしば御用金（諸藩が財政窮乏を補うため臨時に課した金銭）と称して厳しく財を取り立てていた。このため、村民に逃げ出すものが多く、土地は荒廃していた。村長の二人は、何度も領主に事情を訴えて改善を求めていたが聞き入れられなかったので、尊徳のもとに移住したいとのお願いだった。

尊徳は二人の話に同情して、

「おまえたちの不幸は哀れむべきであるが、先祖代々の地を去って、この地の村民になりたいと考えるのは間違いだ。なぜ間違いなのか、臣民たるものの道を教えよう。およそ上は君主となり、下は臣民となっている両者は本来一つのものである。これは一本の木の幹や根と、枝葉の関係と同じようなものだ。だから、根本が腐れば枝葉は枯れ、枝葉が枯れれば根本も枯れるのだ。

今、あなた方は領主に恨みの心を抱いているが、君主と民は別々だと思って、自分の利益を優先し義を忘れているからではないか。だから領主の艱難に当たっても、ただその要求から逃れることだけを考えているのだ。これでは臣民の義を尽くす道とはいえないよ。道を全うしようとするなら、自分の財産を全て売って、取りに来るものには全部あげたらよい。それで無一文になれば、取り立てることが出来ないだろう。それでも、まだ旗本が無理を言うなら、その時は私のところに来なさい。一文無しでは生活出来ないだろうから失った分の広さの土地を与えよう」

と言った。二人はこれを聞いてその教えに従いますと帰った。

その後、源左衛門は私心を去ることが出来ず財を出さなかったので追放された。他方の藤蔵は尊徳の教えに従い、取りに来たら残らず財産を差し出す覚悟でいた。ある時、領主の使いの者が御用金督促の命を受けて来たので藤蔵は、「全部差し上げますので、村から追い出さないでください」と言った。これに対し使いの者は何も取らずそのまま帰り、その後再び来たときも藤蔵の誠意を感じて御用金命令を発しなかった。こうして尊徳の教えを守った藤蔵は禍いを免れ、一家を守ることができた。

ある人がこのことについて、どうして先生の教え通りになったのでしょうと尋ねたので尊徳は、

「木を伐ってしまえば、いくら暴風でも木に触れることが出来ないのは自然の道理ではないか。あの領主は強欲でその要求は限りがなかったが、源左衛門は私の言葉を信じないで、欲をもって対応したから滅びたのだ。これに対して藤蔵は欲を出さず対応したので、領主もこれに触れることが出来ず家を保てたのだ。自然の道理はおのずから明らかである。どうして間違いがあろうか」

と答えた。

八．青木村の衰廃を興す

桜町の青木村は、石高八百五十石で、元禄の頃は百三十戸の民家があって賑わっていた。しかし次第に衰退し、川副《かわぞえ》氏が領主の旗本になった時には河川の修理費用がなかった。水田は茅《かや》がはえて草原となり、ある時、火がついて三十一軒の家が焼け、二十九軒しか残ら

なかった。旅人が、

家ありやすすきのなかの夕けむり

と詠《うた》うほど村はすたれてしまった。青木村の村長の館野《たての》勘右衛門は、自力での復興は無理と考え、評判が高い尊徳の指導によって村を再興しようと村人に提案した。勘右衛門は村人を前にして、

「二宮という人は、まごころで対応しなければ相談に応じてくれないというのは知っていますね」

と確認してから、領主の許可を得るため江戸に行き川副氏に話した。川副氏は喜んで承諾した。そこで勘右衛門は川副の用人（大名・旗本の家で家老の次に位し、庶務・会計などにあたった職）の並木柳助と二人で復興の指導を願い出た。尊徳は、

「あなた方の村の衰廃が極まったのは、用水の不足が原因というだけではないはずだ。用水がなければ田を畑に代えて、雑穀で食べていけるではないか。人命を養うものは水稲だけではない。それなのに、あなた方は用水が乏しいのを口実にして、仕事をせず、博打をしたり、金を借りて困窮から逃れようとしているではないか。

水田は一作しか出来ないが畑は二毛作が出来るのは知っておろう。畑の有利なことを知

りながら耕作しないのは、怠け心が身について、働かずに米や金を稼ごうとするからだ。私のやり方は節約によって余財を生み出して難苦を救い、一所懸命に働いて一家を保つことにある。皆がこの心がけになれば富が増え、衰退した村でも必ず復興するのである。ところがあなた方は全く反対のことをしている。村が衰えるのは自業自得だ。そうした怠け者の村は私にもどうすることも出来ない。二度と来ないでほしい」

と厳しく言った。二人が懸命に、

「心を入れ替えて働くようにしますからどうかお助けください」

と願ったので尊徳は、

「衰えた村を興すということは大変に困難なことなのだよ。あなた方は簡単なことさえやらずに困難なことをやろうというのは、間違っていないか。でもせっかく来たのだから簡単なことを教えよう。あなた方の村では葭《よし》や茅《かや》が生い茂り、野火が茅を焼き民家を焼いてしまったことが何度かあったと聞いている。たとえ耕作は出来なくてもこの茅を刈るぐらいは出来たであろう。それなのにこれを刈らずに家まで焼かれて、他国に逃げ出すというのは愚《ぐ》の骨頂ではないか。村の再興という困難なことは後にして、まず火事の原因となる茅を刈ることから始めなさい。刈り終わったならば私に使いみちがあるから高値でそれを買ってやろう。それくらいなら出来るだろう」

と言った。

勘右衛門は帰ってから村人に、

「茅を出来るだけ早く刈れ。私たちが怠け者でないことを先生に示さなければご助力をしていただけない」

と団結を促した。

そこで村人は皆で茅を刈り、尊徳のところに持って行った。尊徳はそれを約束通り高い値段で買った上で、

「民家の屋根は雨漏りなどしていないか、あれば修理してやろう。村の神社やお寺はどうかね?」

と聞いた。勘右衛門が、

「自分の家でさえ修繕出来ないのですから、神社やお寺などの雨漏りは荒れ放題です」

と言うので、尊徳は、

「神社やお寺は村を守る神仏が安置してある所だ。それがそのようなありさまではどうして村民の繁栄する道があろう。すぐに修繕が必要な数を調べてきなさい」

と指示した。

調べが済んだ後、尊徳は指導している物井村の名主たちに、青木村に行って民家や神社などを修繕するように命じた。青木村の名主も村民もその恩恵を喜び、桜町に出向いてその恩を感謝し、改めて仕法の指導をお願いした。

そこで尊徳は言った。

「村の社寺も民家も全て雨漏りの心配がなくなり、火災の危険もなく安住することが出来るようになった。しかし私の仕法は到底あなた方に出来るほど簡単ではないから止めたほうがよいよ」

しかし村民は、

「困難は覚悟の上です。どうか村を復興する方法を教えてください」

と懇請し続けたので尊徳は、

「ではまず村の田が非常に荒れ果てているので、これを全て開墾しなければならない。それが出来ますか。もし荒地を開墾したならば私が堰《せき》を造り、用水が十分に行き渡るようにしてやろう」

と指導を約束した。村民は喜び勇んで村に帰り、このことを告げた。老幼男女みな歓喜して、ただちに開田に力を尽くし、数ヵ月と経たぬうちに長年の荒地を大半開墾したのだった。ここにおいて尊徳は初めて青木村に行き、家々の勤惰や風俗を観察し、開拓の完成したのを見て、

「このように早く開拓のできたことは、実に村民全員が〝やる気〟を出したからだ。先日までの怠惰もおまえたちであり、今日の勤勉もおまえたちである。人は同じにもかかわらず、勤勉と怠惰、まるで黒と白のように反対になったのは、努力するのと怠けるのと、二つの相違から来たのである。善悪も、貧富も、盛衰も、存亡も、みなこれと同である。だから富の道を行えば必ず富むし、貧の道を行えば必ず貧乏になる。ただ行いによって禍福吉凶の差が生じて来るのだ。

今、旧来の怠惰を改め、このように力を尽くして、末永く勤労を失わなければ、村の再興は決して難しいことではない。では約束通り、難場の堰を築いて、用水を十分にこの開田に注げるようにしてやろう」

と言って、桜川の水勢を調べ、必要とする木と石の量などを調達し多くの人夫を集めた。五十日は要すると思っていた仕事が十日で完了し、費用も通常の半分程度で済んだ。

その上、村民が危険だとしてしり込みした川の中での作業は、「危険なことなんか少し

もないぞ。危ない作業をおまえたちにやらせると思っているのか」と尊徳自らが行った。そして毎晩、酒好きには酒を与え甘党には餅を振る舞うなど士気を高めたので、人々はこの工事を〝極楽普請〟と呼んだ。

水は全村の田に行き渡り、残った水は隣村の高森村の田に融通してやった。村民は大いに喜んだ。その後、尊徳は貧民を助け、農馬や農具を与え、道路を作り橋をかけ、人倫の道を教え諭した。村民は長年染まった悪風を改めて、真面目に働き、節約を行い、開墾に従事した。こうして荒廃地は全て開墾され、家々は多年の窮乏から脱し、租税も増倍し、上下ともに富裕となることができた。

このため、一八三六（天保七）年の大飢饉には、尊徳は男女老幼の別なく、一人につき雑穀を合わせて五俵（一年分）ずつ与え、村民の食糧を平年よりも豊かにさせた。村民は、ますます家業に励んだ。遠国の流民も集まって来たので、これを保護助成して人口を倍増し、一村は完全に復興したという。

尊徳先生の仕法を実行したところは、みなこの通りであるが、もとより拙文で詳細を尽くすことができず、実にその概略だけを記したのである。

九．青木村の貧民を諭す

青木村の復興に携わっていたある時、老人と子供を連れて他国に逃げ出そうとする農民を見た尊徳は、

「どうして先祖代々の家があるこの故郷を離れようとするのですか？」

と聞いた。その男は、

「貧苦で、借金の催促が厳しいので仕方がないのです」

と答えたので尊徳は、

「そうですか、ではあなたに唐鍬《とうぐわ》をやろう。その鍬によって貧苦を除き、借金を返し富裕になりなさい。家も田もあるこの村で一家を保つことが出来ないのに、家も田もない他国では余計に生活はできないものです」

と言った。農民は、

「お言葉ですが、たった一つの鍬で富を得て借金を返せるくらいなら、こんなどん底に落ちはしません」

と言った。そこで尊徳は、

「あなたは富を得る道を知らないから困窮したのです。今から私の教えに従って、この鍬の壊れるまで荒地の開拓に励んだならば、必ず多くの開田が出来るのです。その方法というのは、今あなたが持っている田を全て売り払い、その代金で借金を返済してしまうのです。そして私が与えたこの鍬で、新しく開いた田を耕しなさい。なぜなら、新しく開墾した土地は七、八年くらい無税だから、そこで獲れた米は全部あなたのものになるのですよ。このようにして、租税のかかる田を売って借金を返済し、租税のかからない田を耕すならば、富裕を得ることが出来るのです。これが、鍬一つで富裕が得られるというわけなのです。生まれ故郷を捨てて、危険な他国に行くことはおやめなさい」

と諭した。農民はしばらく考えてから、

「わかりました。お教えに従って一所懸命頑張ってみます」

と言ったので、尊徳は唐鍬を与えた。

こうして農民は田畑を売って借金を払い、一家をあげて開墾に尽力し、年々多くの産米をあげ、積年の貧苦を免れて富裕を得た。この話を聞き、村民は感心して、互いに努力し合ったため一村の開墾も早くできた。尊徳が教え諭し、貧しい者に富を得させるやりかたは、しばしばこうした例があったという。

高慶が考えるに、青木村は、衰頽の極みと言うべきひどい村であった。尊徳先生が深慮《しんりょ》遠計《えんけい》によって、適切な措置を講ぜられなかったならば、どうして窮乏飢餓を免れることができたであろう。そして先生の指導によって、天下に感化出来ない民も、開墾出来ない土地もないことが明らかとなった。

また名主の勘右衛門がこの村にあったのは、たとえば蓮《はす》が泥の中にあるようなものであった。もし勘右衛門がいなかったならば、先生もどうして良法を施すことができたろうか。古来、事の成否は当事者の人物次第である。小さな村さえこの通り、まして大きな国においては、なおさらのことである。

コラム

○インセンティブ

新たな田畑の開発は、これまでより仕事がきつく、労働時間も長くなるのですから、何らかのメリットがなければ成功は出来ません。そこで尊徳は、農民があまり知らなかった新しく田を開発すればその収益には当分年貢がかからず、土地も自分のものになるということを教え、〝やる気〟を出させました。尊徳が名リーダーといわれたことの一つには、現場の人間に〝やる気〟を出させたことが挙げられます。経済学でいう〝インセンティブ（誘因）〟で、メリット（報酬）やペナルティ（罰）を与えたのです。

○心田開拓

尊徳は、土地の復興のためには、まず人間の心の復興、心の田を開拓することが必要だと考えていましたが、これを〝心田《しんでん》開拓〟と呼んでいます。尊徳は弟子の福住正兄（『二宮翁夜話』の筆者）と大島勇助に、

「ワシの理想としているのは、人々の心の田が荒れているのを開拓して、天から受けた善き種ともいえる仁義礼智を養い育てて、収穫し、またそれを蒔き、これを繰り返して、国中に善種を蒔きひろめる、ということにあるのだ。……心の荒れているのを開拓することができさえすりゃ、土地の荒れているのが何万町歩あったところで、心配することはないからだ。現に、福住の村なんか、おまえの兄の大島ひとりの心の開

拓ができただけで、一村たちまち一新して立ち直ったじゃないか。『大学』に、『明徳《めいとく》を明らかにするにあり、民を新たにするにあり、至善《しぜん》に止まるにあり』（立派な徳を発揮して、人心の一新をはかり、最高の状態を維持する）とあるだろう。この『明徳を明らかにする』というのは、心の開拓のことなのだ。大島勇助の明徳がほんの少し、人々に及んだだけで、村の人々の心の開拓が進み、すぐに一村の人々の気風が新しくなった。『孟子』にある、『徳の流行する置郵《ちゆう》して命を伝うるより速《すみや》かなり』（徳が普及するのは駅伝によって命令を伝達するよりも速いものだ）とはこのことだよ」（夜話五九）

心田開拓の一つとして、日掛《ひがけ》縄綯いの法があります。これは、数本のわらをよって一本にするという簡単な作業です。このような誰でもが出来る簡単なことも出来なければ、村を復興することなど出来るはずはないという考えです。

巻の三

一・烏山の円応和尚、尊徳に教えを請う

一八三六（天保七）年は全国的な大飢饉で、烏山藩《からすやま》（栃木県、大久保家）の領内の農民も飢渇に苦しみ騒動を起こした。これより以前、家老の菅谷《すげのや》は小田原の忠真公に対して、烏山の窮状を訴えていた。忠真公は深く同情し桜町の尊徳に対して、「烏山は親類であり、救う方法があったら予に代わって行ってくれ」と命じた。そこで尊徳は二千両余りの米を烏山に送り、藩主の菩提寺《ぼだいじ》の天性寺《てんしょうじ》の境内に十一棟の小屋を作り、粥《かゆ》を与え、疫病の不安をなくすなど難民を手厚く保護した。

さて、天性寺の円応和尚《おしょう》は博学だが意地っ張りであった。この円応は烏山の多くの村々が衰えていたことを心配して、自財を出して他国の流民を招いて開墾させ、国を安定させ

ようと努力していた。しかしこの年の飢饉の時は、万策が尽きていた。そうした時、桜町復興での尊徳の活躍ぶりを話した者がいた。これを聞いた円応は、尊徳にぜひ協力を得て村民たちを救済したいと思い、家老の菅谷に相談したところ、菅谷も前から尊徳の活躍振りを聞いていたから、尊徳に会って来なさいと言った。

そこで円応は、桜町に行き村の様子を見ると、多くの雑穀が蓄えられて、この地は飢饉と無縁のように思えた。喜び勇んで陣屋に出かけ面会をお願いしたところ、尊徳は、

「私は困っている農民を助け、衰退している村を再興するために働いているのだ。僧侶に用はないからお断りしてくれ」

と取次の者に言った。しかし円応は、

「私は烏山の人々が飢饉で困っているので、先生の教えを受けその人たちを助けたいと参ったのです。どうぞお会いしてくださるようおっしゃってください」

と再び取次に頼んだ。それでも尊徳は、

「私には私の仕事がある。烏山のことは烏山公の仕事だから、私が関知することではない。それなのに僧侶の身でやって来て、私の仕事の邪魔をするとはどういうことだ」

と大きな声で言った。

取次が、「やはりお会い出来ない」と告げると、円応は、

「私がこのまま帰ったのでは、烏山の人々は飢え死にしてしまいます、どうしてもお会いしていただけないならば、村民が死ぬ前にこの場所で飢え死にするだけです」

と、夜になっても去ろうとしなかった。翌日、尊徳は怒って、

「あの僧侶、無理にでも私に会いたいと思って陣屋の前で餓死するつもりか。説教して追い返すから呼んで来なさい」

と言い、

「あなたは私の仕事の邪魔をするために、門前で死のうとするのか？」

と問い質《ただ》した。

「そうではありません。先生の教えをきいて烏山の人々を救いたいと願うだけです」

「あなたは僧侶なのに仏の道を知らないのか？」

「私は愚かですが、長く僧侶をしていますから、仏教のことは一通りは知っているつもりです」

「では聞くが、仏の道は荒地を耕したり、飢えを救う道を教えるものなのか？」

「仏教の教えは衆生済度《しゅじょうさいど》ですから、民を哀れみ、飢えを救うのは仏の道にかなっている

と思われます」
「あなたには本当のことがわかっていないようだ。人にはそれぞれ職分というものがあるのだ。藩主には藩主の職分があり、臣下には臣下の職分があり、僧侶には僧侶の職分がある。藩主のやるべき務めは民を治めたり、荒地を開拓したり、飢饉を救ったりすることだ。僧侶の勤めは天地に祈り、国家の平安を祈ることであって、餓死する人を救おうというのは、身の程を知らない者だ。

烏山の領民を救いたいというなら、先ずは藩主に願い出て、救っていただくのが筋《すじ》ではないか。もし藩主が無能で救うことが出来なかったら、それはそれで仕方がない。私の門前で死ぬのでなく、自分の寺で出来るだけのことをしてから、飢え死にすればよいことだ。それで僧侶としての勤めは十分に果たしたことになるのだ。どうだ、これでも文句があるなら言ってみろ！」

と、天地に響く大声で説いた。円応は、自らの過ちを悟り、頭を垂れていた。

尊徳は、
「言うことがなければ早く帰れ。私は撫育の道に忙しくて暇がないのだ」
と座を立った。円応は尊徳の後ろ姿を三拝して大いに感激し、自らの過ちを心に詫びて烏山に帰った。これが烏山仕法の発端である。

二・烏山家老菅谷、藩士を桜町に遣わす

円応は、尊徳に会ってその言論を聞き、

「ああ今の世にこのような偉大な人物があろうとは思わなかった。わしは幸いにしてこの大人物にお会いすることができた。全くわしは領民の飢渇を救おうとする一心で、危うく領主を不仁の君に陥れるところだった。これほど大きな罪はない。先生の教えを聞かなかったならば、どうしてこの過ちを知ることができたであろう」

と、恥じたのだった。烏山に帰って、菅谷に会い、

「拙僧、桜町に行きましたが先生は面会を許されませんでした。そこで門前に横になって動かずに願い続けました。先生は拙僧を哀れんで面会を許され、拙僧の過ちを諭し、国政の大綱を示されました。その次第はこれこれ……」

と語った。菅谷はこれを聞いて、

「素晴らしい。二宮という人は何という賢人だろう。拙者も早速行って救助の道を求めた

いが、主君の命令によってでなければ、和尚と同じようなことを言われるだけでしょう。だから一度誰かをお願いにやって、それから行こうと思います。和尚はまずお休みなされ」

と言ってから、家臣を桜町に派遣し、面会の件を申し入れた。

尊徳は、他国の家臣に面会する暇はないからと、断った。使者は、面会を許さぬ理由もはっきり聞かずには帰れないと、再三面会を請うてやまなかった。尊徳はやむを得ず使者を呼んで、

「烏山の家老が当地に来ようというのは何のためですか。私は主君の命を受けてこの地の住民を撫育している身で、もとより暇もありません。他国の御家来とのんびり話をする暇がどうしてありましょう。菅谷氏は家老だそうだが、それなら主君を補佐して仁君の道を踏ませるお人だ。『礼記《らいき》』に『国三年の蓄《たくわ》えなきはその国、国に非《あら》ず』と、三年の蓄えのないことさえ戒《いまし》めています。にもかかわらず一年の飢饉で餓死を招くとはどこに仁政がありますか。民を飢えさすようでは君主とはいえません。また君主を助けるべき家老の身にもかかわらず、民が飢えてからあわて出すような人に会っても無駄です。菅谷氏が来てもお会い出来ないからそう伝えてください」

と菅谷の面会を拒絶した。使者は帰って、尊徳を無礼者として怒りながら報告した。しかし菅谷は話を聞いて、自分が間違っていたと思った。菅谷はすぐ烏山公のところへ出向き、尊徳は立派な人物ですからぜひ指導を受けるべきだと話し、烏山公自身で尊徳に助力を求めるよう手紙を書いていただきたいと要請した。

その後、菅谷は桜町に出向いて君命を述べ、烏山公の直書を出して救荒の道を願った。そこで尊徳は、

「烏山公は領民を救ってほしいと私に求められましたが、烏山領内の事は、固辞《こじ》するほかはありません。けれども烏山公は我が小田原の主君の縁者ですから、主君へ御依頼なされれば主君から私に命令がくだされるでしょう。君命《くんめい》があれば烏山公の仰せに従いますが、この手続きには日数がかかり難民を救えません。手続きがすむまでの間、このお金を差し迫った救援の費用にお当てください」

と二百両を差し出した。菅谷は尊徳の寛大な心と適切な処置に感銘し、厚くお礼を言って烏山に帰った。その後、烏山藩は尊徳に復興の道を依頼すべく、君主以下の連判の依頼書を持って懇請した。尊徳は、

「前に援助したのは、民が罪もないのに死に直面していたからです。国家再興の道につい

ては他藩の私が関知するところではありません」

と引き受けなかった。しかし烏山の重臣が何度も指導を願って来たので、尊徳は次のように説いた。

「国を興すのは簡単なことではありません。君主は分度を守り、一人でも困苦者がいる時は、民の憂いに先だって憂い、民の楽しみに遅れて楽しみ、民を我が子のように慈しみ、君主と家臣は、最後に安心すべきです。

しかしあなた方の藩はそうではありませんでした。藩主や家臣たちは足らない分を借金でまかない、他方、領民からはますます税を多く取り立てて、民の苦しみの方は無視されています。これは危機の時の対策が出来ていないからです。烏山公は自分の生活費を減らすことが出来ますか、家臣は自分の収入をさらに減らす覚悟がありますか。こうした艱難辛苦に耐えぬく覚悟がなければ藩の再興は無理です。

私には借金を踏み倒すことは出来ませんし、他領の租税を調達して烏山の不足を補うことも出来ません。もし私の指導で復興したいと願われるのなら、桜町の荒廃を興した仕法をそのまま移すだけです。つまり、烏山は烏山の分度を守って農民を慈しみ、その荒廃を回復させるのです。しかしそれは皆様方が望んでいらっしゃる方法とは違うと思いますので、私の仕法を伝授しても成功しないでしょう。無駄なことです」

三、分度こそ復興の本

尊徳の明解な教えを受け、家老たちはあくまでも指導を受けたいと懇願した。そこで尊徳はやむを得ず、

「それではまず、基本となる分度を明らかにしなさい。『論語』に『故《ふる》きを温《たず》ねて新しきを知る』という言葉があります。ですから、過去の豊年、凶年を含めて十年間の租税を調べて下さい。それがあれば最適な分度を教示できます」

と願いを承諾した。家老たちは喜んで烏山に帰り、資料を持って再び桜町にやって来た。尊徳は数ヵ月かけて、烏山の役人数十人を陣屋に住まわせて調べ上げ、

「今後、皆さんがこの分度を守れば、烏山の荒廃が復興することは間違いありません。皆さんで協議して藩の分度を決めてください」

と烏山藩の分度を提示した。家老たちは烏山に戻り数日議論して分度を決め、何度か復興の方法について尊徳から教えを受けた。同時に、尊徳は米や金を援助して、村々の荒廃

した土地の復興に力を尽くした。

農民は飢渇から救われ感激して開墾に力を入れ、数年後、荒廃した土地の開墾は二百二十四町、その米の生産量は二千俵に達した。そこで尊徳は、

「たとえ烏山に何万の廃田、何万の借金があっても、分度によって生まれた余剰米が毎年二千俵あれば復興の道は困難ではない。事の成否は、君主以下全ての人がこの分度を守るか守らぬかにかかっています」

と助言した。

《付　記》

○分　度

分度は、尊徳の思想の中で重要な原理をなすものです。尊徳は分限や収入に応じて支出を定め、その範囲内で生活を営み、そこから余剰を産み出そうとするものです。

尊徳は次のように述べています。

「……私のやり方では、分度を決めるということが全ての基礎となっているのだ。分度をしっかりと立て、これを厳重に守れば、荒地がどんなにあっても、借金がいくらあろ

うが、恐れることもないし、心配することもない。国と人々が豊かで安全・安心な生活を送る私の方策は、分度を定めるという一事にかかっているからだよ。……分度を越えることの恐ろしさをよく知るべきだ。財産のある者は、一年間の衣食はこれだけと計画を立て、その分度の〝中〟で生活し、分度外を多少にかかわらず世のために推譲《すいじょう》して、何年も積んでいくなら、その功績は計り知れないほど大きなものになるだろう……」

（夜話一六五）

なお『広辞苑』には分度について「二宮尊徳の創始した報徳仕法で、天分を測度して自己の実力を知り、それに応じて生活の限度を定めること」と書かれています。

四．円応、尊徳に鮎を贈る

円応は尊徳の良法を仰ぎ、萱谷と力を合わせて農民を諭し、永安の道は尊徳の良法以外にないと領民の安堵に専念した。これに触発されて仕法に尽力する者も多くなったのである。あるとき、円応は那珂《なか》川に入って鮎《あゆ》をとっていた。人々はこれを見て、「殺生《せっしょう》は仏の大いに戒めることだ。和尚でありながら、殺生をしているのは、正気の沙汰ではない。和尚は気が狂ったのか」

と、大いにあざけり笑った。ある人が、

「和尚さんが自分で殺生をなさるとは、どういうわけがあるのですか？」

と尋ねたので、円応は、

「仏意にかなっているからだ。御領主は、こんどの凶年に当って、何千という領民が命を失うことを嘆かれ、尊徳先生に救荒の道を求められて、数千人の命が助かった。もし先生のお力がなかったならば、罪もない領民が空しく命を失ったに相違ない。愚僧は先生の御労苦を少しでも慰めるべく、この鮎をとって先生に贈ることにしたのだ。これを召し上がれば、少しは先生の気力が補われるだろう。気力が補われれば、この国の領民が必ず困窮を免れるばかりでなく、御領主たちも心を安んぜられるだろう。

してみれば、この鮎も立派な人の腹の中に入ってその元気を補い、万民の苦を除くことになれば、成仏すること疑いない。たくさん取れて余りがあれば、市場で売って金に代え、窮民撫育の資金に加えるのだ。これまた広大の功徳《くどく》ではないか。鮎の力ではどうして人の艱苦が救えよう。釈尊がこれを御覧になったら、きっと褒めてくれるであろう。もとより俗人《ぞくじん》の知ったことではない」

と沢山の鮎をとって寺に帰り、下男に荷わせて桜町に出掛けた。

円応は尊徳に、

「野僧《やそう》（僧侶の謙称）は自分でこの鮎をとって持って来ました。先生どうぞお受けくださ
い」

と鮎を差し出したので、尊徳はその気持ちを酌《く》んで、喜んでこれを食べた。

円応は二日間桜町に滞在し、尊徳に会わずに帰ろうとした。尊徳は、

「和尚が来たのには何か大事な用があったはずなのに、相談ごとを一言も言わずに帰るの
はどうしてか？」

と聞いたところ、円応は、

「先生にお会いする前は、自分の思慮の当否をお聞きするつもりでしたが、先生と一緒に
いる間に、はっきりと自分が行うべきことがわかりました。先生を煩わすほどのことでは
ありません。烏山の処置はもう決めましたから、決して御心配いりません」

と言って帰っていった。尊徳は、

「当世、あの僧のような立派な人物は滅多にいない」

と褒め称えた。円応は烏山に帰って、しばしば鮎をとり、市場で売って代金とし、これ

を安民仕法の資金に加えた。のちに人々も円応の意中を悟って感心したという。

五．尊徳、円応の死を嘆く

一八三七年、円応は菅谷と一緒に桜町に来て尊徳に、

「先生の指導によって、衰廃が極まっていた烏山領内の再興の道が備わり、農民の気風が一変し、復興の時期も近いと思います。ところで、厚木（神奈川県）も烏山の領地で一万石あります。農地は肥え収穫も多く豊かですが、先生の教えを実行しておりません。まだ知らないのです。藩主に相談したところ、命が出たのでこれから二人で厚木に行って先生の教えを広めたいと思います」

と話したところ、尊徳は、

「それはよくない。行くのはおやめなさい。およそ全ての物事には自然の時機があって、その時機が来なければ何事も出来ないものです。たとえば、百穀の生い茂ることを望んでも、春が来なければ種を蒔くことは出来ないでしょう。冬にこれを蒔いてもその種は実りません。烏山は時機が来たので、仕法が行なわれたのです。

厚木が仕法を必要とするならば、必ず烏山に来てその様子を尋ねるはずです。しかるに烏山の君主が仕法を必要とし、民を安んずる道を行っていることを知りながら厚木では無関心です。これは求める時機がまだ来ていないからです。厚木から聞きに来るなら教えてもよいが、こちらから行って説きつけることは自然の道ではない。無理に行くと後日の憂いになるでしょう」

と引き止めた。

しかし二人はすでに藩主の命を受けていたので、烏山の状況を報告するという名目で厚木行きを強行した。ところが厚木では疫病が流行していて、円応、菅谷の二人ともその病気にかかり、烏山に帰ってからわずらい苦しんだ。菅谷は危篤に陥りながらも快方に向かったが、円応はこの病のため亡くなってしまった。

尊徳は、

「ああ、烏山の仕法も駄目になったか。烏山は円応がまごころを尽くしたから復興の道へと進んだのである。円応の死は単に一人の不幸だけではなく、烏山一国の不幸である。円応と菅谷とは車の両輪で、その一輪が欠けたら仕法がうまく行われることは望めない」

と嘆いた。

六．烏山仕法の中止と菅谷の追放

烏山の衰廃、上下の艱難は、尊徳の仕法により大きな成果があった。この仕法が十年ほど続いたならば烏山の再興は出来たであろう。しかし円応の死によって仕法の道は衰えていったのである。

およそ腹黒い人間は、善の道が上手く行っている時は協力するようなふりをする。しかし少しでも隙《すき》を見せれば、自分たちが有利となるようにあらゆる手段を考えるものである。かつて尊徳は烏山仕法の始めにあたり、菅谷に忠告した。

「今は実に大事な時です。今決心しないと折角の事業が中途でだめになります。忠臣が諜《ちょう》言《げん》（回し者の言葉）で排除されるのは、身の処し方を間違うからです。どんなによいことを言っても、自分本位でいるならば他人は言うことを聞きません。あなたが今、これまでと同じ禄（給与、俸禄）をもらっているならば、国を興すことも身を保つこともできないでしょう。最も貧しい者になって全力を傾ければ、藩の人々も貧しい生活を我慢して、国のために働こうと決意するでしょう。そうでなければ国は救われません。

賢人でも難しいことを凡人の身でやるには思い切った覚悟がいります。そのためには今頂いている禄を辞退しなさい。それで生活がお困りになるようだったら私が米をお送りします。この決心をしないと烏山復興の事業は進まず、あなたはいずれ排除されるでしょう」

納得した菅谷は祖先以来の百五十石の禄を返上した。だがそのうち、家中の人々は、

「お笑いごとではないか。家老の菅谷は主君の禄を返上したが、なんのことはない、二宮の援助を受けているのだ。禄をもらってこそ臣である。家老は二宮の家来になったのだ」

と菅谷の悪口を言いあった。菅谷はそれに耐え切れず、尊徳に相談せずに再び禄をもらうことにした。

尊徳は桜町でこのことを聞いて大いに嘆き、

「ああ、烏山復興の時機はまだ来ないのであろうか。菅谷が私の言った通りに恩禄辞退の道を全うするならば、復興の道は存続したであろう。そうでなければ、いずれ藩の人は菅谷を追い落とすことを企てるに違いない。世人があれこれ言うことにいちいち心を動かす者とは、共に道を行うことは出来ない」

と残念がった。

結局尊徳が心配した通り、一八三九（天保十）年になると藩は仕法を廃止し、分度を無視して、開墾撫育のための経費、二千俵を藩の費用として流用するようになった。さらに菅谷を追放して、民衆が尊徳のいる桜町に行くことまでも禁じたのであった。落胆した菅谷は、妻子を引き連れて懇意の名主の家に仮住まいすることとなり、讒言者の無道を恨んだ。

翌年、菅谷は桜町の尊徳を訪れ、

「私は不幸にして藩から追放されました。国家に道がないのではどうしようもありません。忠を尽くしても、讒言者のために追放される者は古今に多くあることなので、別に悔いることはありません。ただ私の弟のことだけが心配です。弟は盲人で江戸に住んでおり、琴を教えることを職業にしていたのですが、幕府が天下の奢侈を禁制して善政を布かれて以来、琴を学びに来る者が減って生計がにわかに困窮しました。そこで、私がお金を与えて生活させていたのですが、もう援助する力がありません。そのように困窮したのは、弟に僅か二十両の借金があるためです。何とぞ拙者の弟を哀れまれ、二十両をお貸しください。御厚意の恩は決して忘れません」

と援助を願った。尊徳はしばらく黙っていたが、

「話を聞くとあなたは当然踏むべき道を失っているようです。私は今からその道を話そうと思うが、その道理を聞いてから金を借りたいか、金を借りてから道理を聞きたいか、どちらです？」

と言うと菅谷は、

「どうして金を得てから道を求めましょう。まずは道理の教えをお聞かせください」

と答えたので、尊徳は次のように諭した。

「あなたは間違っています。古語に『進んでは忠を尽さんことを思い、退いては過ちを補わんことを思う』とあるが、これが家臣の常道ではありませんか。あなたは主君から追放されたが、自分に過ちはないとして少しも反省する様子が見られない。あなたは烏山の家老となり、この私にまで教えを受け、まごころを尽くして働かれたのに家老を辞めさせられると、もう国はどうなってもいいという気になっているように見えます。

今、烏山藩は復興仕法が中止され、また逆戻りしているようです。こんな時こそ、あなたはますます烏山藩の人々のことを思い、自分の過ちを悔い、領民の困苦を除くよう骨折るべきなのです。にもかかわらず、今は盲目の弟さんのことだけを考えています。そうした気持ちでいるから退けられるようになったのです。今、あなたは自分の不徳から辞めさせられたことを心から悔いて、一死をもって一国上下の貧困を救おうと心がけるべき時なのです。

何の恩もなくゆかりもない私が、数千両の金を投げ出して烏山の民を救い、その土地を開いて上下永安の道を施したのはあなたに忠義の心を感じたからです。私には烏山のために心力を尽くさせておいて、君臣の義理の深かったあなたが、退職したからといって国家の憂いを顧みないというのは、いったいどういう気ですか。

私は、烏山が不幸にして国家再盛が疑いない道を廃止し、あなたを退けたと聞いて以来、烏山の上下君民のために憂慮心労して、安らかに寝食できず、日夜、烏山公が過ちを悔い、再び国民を哀れみ、衰廃の憂いを除き、上は忠孝を全うし、下は国民を安んぜられるようにと、祈るほか他念がないのです。この私でさえ他国にあっても、このようにいつも烏山藩の政治や人々の生活がうまくいくように祈っているのですよ。それなのに、あなたは自分の弟さんのことばかりを考えている。それでは忠臣としての心がけがないと言われても仕方がないでしょう。

また盲の弟さんも、あなたの志を聞いたならば、生計の手段がなく、たとえ食わずに倒れても、何の恨みも持たないでしょう。倒れながらも烏山再盛の道が生じ、兄の忠義が再び立つことを祈るでしょう。どうして自分の補助を流浪中の兄に求めたりすることがあるでしょうか。あなたがまごころを磨き、本気になって民衆の生活のことを考えるならば鬼神も動かすでしょう。

円応さんが死んだ後、あなたがしっかりする以外に烏山藩が救われる見込みはないのです。私の苦心を少しでも察したら、ますます烏山再興のためにまごころを尽くして、復興中断の間は私に逢うのを恥ずかしく思うべきです。にもかかわらず弟を救ってほしいと聞いてはがっかりするだけです」

菅谷は恥じ入って、

「ああ間違っておりました。拙者は愚かながら、むかし先生から道を聞いておりましたのに、これは何とした心得違い。これほどまで道を失っていたとは思いませんでした。今、先生のお教えを得て、姑息な迷いがことごとく消散しました。愚か者ではございますが、絶対にお教えを守ります。愚弟が困窮するぐらいは当然でした。これを心配する暇など、どうしてありましょう。何とぞ先生、拙者の失言をお許しください」

と言った。ここにおいて尊徳は二十両を出して、

「あなたの心得がちがっていたから、烏山の道が絶えることを嘆いて、当然あるべき道を

お話ししたのです。いまあなたが悟られたことは幸いです。では二十両を持ってお帰りなさい」

と言った。菅谷は驚いて一度辞退したが、受け取って帰っていった。

尊徳は同席していた弟子たちに、

「ああ菅谷の過ちは実に嘆かわしいことだ。いま、菅谷の迷いは解けただろうが、艱難に迫った弟に、どうしてこの道理がわかろう。それで私は金を贈ったのだ。しかし菅谷が立派に道を行うか、あるいは再び一時しのぎで行うかはわからない。人々が道を踏むことの難しさはこの通りである。おまえたちはこれに鑑みて一身の進退を誤らぬようにせよ」

と戒めた。

烏山では、良法を廃止し家老の菅谷を追放して、はかりごとが成功したと喜び、もっぱら借財によって目前の不足を補おうとした。領民はこれを恨んで人心はまた大いに衰え、荒地が発生して租税も減少し、藩内は再び苦境に陥った。一八四二（天保十三）年になって、烏山公は仕法の廃止と菅谷の追放を後悔し、家老大久保を遣わして、再び尊徳に仕法を依頼させた。

そこで尊徳は尋ねた。

「烏山の仕法は萱谷氏から始まったのですが、彼は今どうしていますか？」

大久保は答えた。

「彼は罪があって追放されました」

尊徳は、

「そもそも御領主は、萱谷氏に命じて私に仕法を依頼されました。そこで私は彼に道を伝えて領主様の願いをかなえるよう努力してきました。その彼に罪があったならば、なぜ私に一言でも話してから追放なさらなかったのですか。道のために力を尽くしたものを、いかに御家来であるからといっても、私に告げずに追放させられたことは断じて納得できません。それればかりでなく、今また国家の仕法を再興しようと願われても、私の仕法を知らない人たちでは話になりません。仕法を再興しようとなさるならば、まず私の仕法を熟知している萱谷氏の処遇からお始めください」

と大いに諫めた。

大久保は尊徳の言葉を主君に言上し、再び来て尊徳に、

「我が君は先生の言葉を聞かれすぐに萱谷を帰参せしめ、十人扶持を与えることにしましたので、先生に指導をお願いしたい」

と告げた。尊徳は、

「それは私の聞くべき言葉ではない。罪なくして追放されたとすれば、いま帰参せしめるのは、主君御自身の過ちを改められることではありませんか。過ちを改めて菅谷氏を呼ぼうとするのに、どうして十人扶持なのですか。彼が百五十石だったのは、代々の禄高です。彼は私に撫育の道を求め、飢えた民を救い、仕法をもって国のために功績をあげたのです。彼が依頼に来なければ私は応じることはなかったのです。してみれば菅谷氏の功績は並大抵のものではないはずです。

功があるのに追放したのは烏山藩の過ちと言うべきです。今度その過ちを悔い、菅谷氏を呼び戻そうというのであれば、加俸があって然るべきです。さもなければ菅谷氏が烏山に帰っても何の益がありましょう。帰参させるのをやめ、仕法の再興をとりやめるほうがましです」

と説いた。これを受け、藩主は二百石で菅谷を帰参させた。菅谷は喜んで大いに働いた。しかし、まもなく病死してしまったため、尊徳の仕法を理解する者がなく、烏山藩の混乱は長く続いたのだった。

高慶が考えるに、人君が政治に努め、厚く民を恵めば、凶作にあっても民がにわかに餓死流亡の禍いに陥ることはない。尊徳先生の桜町三ヵ村においては、凶作の時でも、民の衣食が豊かなこと、平年にまさるものがあった。これはほかでもない、仁政があまねく行き渡って貯蓄が余りあったからである。烏山のごときは、これと異なり、平年でも民の困窮を救うことがなく、いったん凶荒に遭《あ》って窮厄《きゅうやく》も極度に達した。ここにおいて円応は発憤し、菅谷と相談して桜町に至り、先生に救荒の道を問い、その志を遂げようとする決意は非常に固かった。実に古来、国の盛衰存亡は、要するに人に存する。円応・菅谷のごとき人物があれば治績があがり、二人がここに亡くなって、ついにその有終の美をなすことができなかった。まことに天命ではある。

コラム

○表彰の仕方

尊徳は、土地の復興には、まず人びとに〝やる気〟を起こさせることが必要と考えていました（インセンティブ）。この方法のひとつが、村人の善行者の表彰です。村の善行者を積極的に表彰し、善いことをすれば得になるとわからせたのです。こうして、善行者が次第に増えれば、悪行にふけっている人たちが減って、最後には尊徳の仕法に従うようになるだろう、という考えです。

尊徳が村民を善に導く方法で、注目されるのは住民投票を活用した、〝芋《いも》コジ〟と名づけた寄り合い制度でした。その場合、「親類や仲間同士だからといって私意をもって選んではいけない。他人と相談してはいけない」と諭してから投票させた。投票の数によって賞与の等級を定め、賞金及び農機具などを与え、特に多い者には無利息金貸付を行って家の繁栄の資金とさせました。表彰者を官で選ばないのは、村民ほど熟知していないからだと言っています。

○尊徳は高利貸し？

尊徳については、〝巧妙な高利貸し〟との評判が一部でありました。これは民俗学者の柳田国男が「報徳社と信用組合との比較」の論文で「尊徳の仕法は無利息融通ではない」と書いたことを曲解した人がいたようですが、柳田は尊徳を高く評価しています。

尊徳は困窮した村人には無利息で資金を援助しています。藩などからは妥当な利息を取っていましたが、これは経済を知る者の当然な行為です。尊徳は次のように述べています。

「ここに一人の貧乏人があるとする。天性実直で、よく父母に仕えて、昼は農耕に努め、夜は縄を綯って、ようやく飢えや寒さをしのいでいる。その父がたまたま病気になった。だんだん重くなったが、医薬の効き目があって幸いに治った。ところが思いもかけず、翌年父の病気がまた非常に悪くなって、薬石の効もなく、とうとう亡くなった。その時すでに五両の借金を負い、その上およそ一年あまりも仕事を休んで看病していたため、赤貧洗うがごとくになってしまった。隣近所の者が同情して、名主に頼んでまた五両を借りてやった。それで一時の飢えを免れて、農事に力を尽くしたが、すでに十両の借金を負うて、その利息二両を払う余力がない。そこで親類近所が更に名主に相談して、下男奉公をさせることにした。給金は三両で、そのうち二両を利息にあて、一両を食費にする。

このようにして、はや五年経ったが、借金は相変わらずもとのままだし、母親もますます年をとってくる。誰がこれを養ってくれよう。実際、このような貧乏人が天下には多く、そしてそういう家はついに存続することができないのだ。しかし、これに

無利息金を貸して、その借金を返させ、本業に立ち戻らせてやれば、どこの国でも一軒として農家の減ることはない」（語録九九）

そして、貸すのではなく与えることに対しては、一時しのぎで終わって、結局は無駄遣いになると警告しています。

巻の四

一．大磯の孫右衛門を諭す

一八三六（天保七）年の大飢饉の時、各地で飢えに苦しむ者が多かった。無頼な者たちは暴れまわり、「金持ちは莫大な米や金を手にしていても、哀れむ気持ちがなく眺めているだけだ」などと叫びながら、民衆を煽動し家を打ち壊す事件を数多く引き起こした。

大磯（神奈川県）も飢饉で多くの人たちが苦境に陥った。川崎屋孫右衛門という米屋があり、以前からケチとの評判の男だった。飢饉の最中、町内の者が孫右衛門の店に来て、「町内の者を救うために米を安く売ってください」とお願いしたが、店主の孫右衛門が江戸に行って不在のため、番頭の伊三郎は決断できなかった。町内はますます険悪となり、「孫右衛門がいま江戸に出ているのは、利益をむさぼるためにちがいない。哀れみを願っても仕方がない。あの家だけでなく、町内の金持ちを残らずぶち壊してしまえ！」
と、数百人が鋤《すき》・鍬を持って金持ちの家や蔵を破壊し、米や金銭を散乱させた。孫右衛門はこの知らせを聞き、急いで帰宅してその乱暴振りを官（役所）に訴えた。ところが逆に、彼の方が悪いと牢屋に放り込まれてしまった。彼が牢屋で怒り狂っているうちに、近所の火事で彼の家は焼けてしまった。さらに、彼の妻は、不幸が続いたため、幼い子供を抱きかかえ嘆きつつ病で亡くなった。

孫右衛門はますます恨み、気が狂ったように暴れた。これを見て、官は世間に出しては厄介になるだろうと牢獄に長く入れることにした。

孫右衛門の妹は加藤宗兵衛の妻である。この宗兵衛は伊勢原宿（神奈川県伊勢原市）に住んでいて、以前に兄弟の財産の相続問題で桜町に行き尊徳から教えを受けたことがある。宗兵衛は、孫右衛門一家の件を尊徳に相談するため再び桜町へ出向いた。尊徳は、

「そういう結果になるのは因果応報のためです。禍いが起こるのは、何かその原因があるものです。孫右衛門さんのことはよく知りませんが、米の商売をしていたとすると、以前の天明の飢饉の時、米を高く売って大儲けし、人々の憤りをかったことが原因ではないですか。自分の儲けばかりを考えて、他人の不幸を喜んだ罰が、回りまわって今度あらわれ

たのではないかと思います。

だから孫右衛門さんは、今度のような目に遭ったならば、人々の怒りをかった点を思い起こし反省すべきなのに、他を恨み憎むだけだったのではないですか、禍いの原因はここにあったのです。このように事態がもつれてしまっては、いくらあなたが救おうと思っても到底無理でしょう。実にお気の毒な話ですが、私にもどうすることもできません」

と言った。しかし宗兵衛は、

「罰を受けて亡びることになったのは天命にちがいありません。ですが何とかして救ってやりたいのです。私の妻（孫右衛門の妹）は心配して夜もろくに眠れず、食事も進まず、途方にくれております。『至誠神に通ず』という言葉がありますが、何とかして救っていただく方法はありませんか」

と教えを願った。そこで尊徳は、

「至誠を生かすということは、生半可なことでは出来ませんが、それが出来るなら救う方法があります。その方法というのは、あなたの奥さんは孫右衛門さんの妹だそうですが、その奥さんが兄さんと同じように粗衣粗食で辛抱することです。奥さんの持ち物を全て売り払い、生家の再興をはかるように心がければ、その至誠が通じて、兄さんの心を動かすことが出来るかもしれません。しかしそれはあなたの奥さんの御心がけ次第で、他に方法はありません」

と諭した。

宗兵衛は帰って妻にこのことを話した。妻は尊徳の教え通り、獄中の兄と同様に貧乏な生活を始めた。そして宗兵衛の兄の芳助がそのことを獄中の孫右衛門に話した。孫右衛門は妹のまごころに触れ、以後、彼は官を恨むことがなくなり、自分が悪かったことを後悔したように見えた。そこで、三年目に許されて家に帰ることができた。

しかし孫右衛門は、母がなく泣き叫ぶ子供たちの哀れな状況を見、そして番頭の伊三郎から獄中の間の出来事の報告を受け、「町内のやつらは、おれをどん底につき落としておきながら、楽々とあぐらをかいている。なんとかしてこの恨みを晴らし、家を再興させなければ生きている甲斐がない」と再び怒り心頭に達した。

さて、亡くなった孫右衛門の妻は浦賀の宮原屋与右衛門の娘だった。この宮原屋は富豪で、縁者の宮原屋清兵衛と親しかった。孫右衛門の事情を聞いた与右衛門と清兵衛は、大磯に来て、孫右衛門に協力して恨みを晴らし、家を興そうと相談した。宗兵衛はこの話を聞いて、妻の至誠も無に帰するのではないかと不安に思った。そこで、孫右衛門と宮原屋

の二人に、

「桜町の尊徳先生は困った人に無利息で金を貸してくださるお方だから、桜町へ行って千両借りて、家を再興したらいいと思います。よかったら私もお供して行きましょう」

と助言した。しかし孫右衛門は、桜町は遠いし、そんな男は何か裏があるにちがいないと思って承知しなかった。

しばらくの後、小田原公の命令を受けた尊徳が大磯にやって来た。そこで孫右衛門は会うだけなら損はないと考え、宗兵衛の案内に従って清兵衛たちと一緒に尊徳を訪ねた。

尊徳は竹松村の名主の河野幸内の風呂で孫右衛門たちの話し声をきいて、「厄介な人が来たので、面倒だから逃げよう」と、誰にも言わず、二里あまり離れた下新田村の小八の家に行ってしまった。

孫右衛門は尊徳が行方不明になったことを不思議に思いながらも、人びとの話す尊徳の人柄を聞いていた。翌日になって、尊徳が小八の家にいることがわかり、幸内や小八が、孫右衛門にお会いしてくださいと言ったが断られた。宗兵衛たちは、誠意を尽くさなければ尊徳は対応してくれないことを知っていたので辛抱強くお願いした。ようやく尊徳は帰り、

「あなたたちは何のために来たのです。私は小田原公の御命令によってこの土地で働いているので、今は忙しいのです。あなたたちのことをかまっている暇はありません。見たところ、孫右衛門はまだ自分が悪かったということが本当にわかっているようには思えない。そんな人に何を言ったって無駄です。私の教えは自分の悪いことに気がつき、他人の恩に報いる道です。孫右衛門の心がけとは正反対です。話しても無駄だから早くお帰りなさい！」

と大声で怒鳴りつけた。孫右衛門は頭をさげ、

「心を入れかえますからどうか教えていただきたい」

と言った。尊徳は黙って見ていたが、

「そんなに言うならば役にも立つまいが道理をきかせてあげよう。積善、不積善によって禍福吉凶が生まれるのは、自然の道理であることは聖人のおっしゃっている通りだ。あなたの家は天明の飢饉の時に、何万という人が死んだのにそれを助けようとせず米を高く売って大儲けをした。それは天も憎む行為で、その時すでにあなたの家は潰れてよかったのだ。その報いが今度来たのだ。

あの時、あなたが哀れみを知って人命を救うために働いたら、家を保つことはでき、あ

なたの妻も死なずにすんだのだ。自業自得、因果応報とはこのことをいうのだ。結果として獄に入れられたのに、まだ目が覚めないようだ。今度家を興そうとの心がけはいいが、一番大事なことを忘れている。その大事なこととは、自分を艱難において、他人の困苦を救おうとすることだ。それさえできれば『禍変じて福』になり、一家は再興出来るのだ」

と話した。これを聞いた孫右衛門は、

「それにはどうしたらいいのですか？」

と尋ねた。

「あなたの所にはまだ余財がいくらか残っていると思うが、どのくらいありますか？」

「全部集めれば五百両くらいはございます」

「それをそのままにしておくとまた禍いが生じるでしょう。その財産のために、あなたは人から怨みをかいひどい災難にあったのです。だからその五百両すべてを町の人に差し出すのです。そして『飢饉の時は互いに助け合わねばならないのに、皆さんにご苦労をかけて大変申しわけなかった。いまさら悔いても仕方がないことですが、残っている余財が五百両あるので町内に差し出します。どうか貧困救済のお役に立ててください』と申し出なさい。そうすれば町内は安泰になるでしょう。

そしてあなたが生活していく費用はこれまで仕事としていた江戸への輸送業でまかないなさい。この仕事は打ち壊しの災難とは関係がないようだから、それで生活費を稼ぐようにしたらいいでしょう。もし私の言う通りにしてもなお町の人が、あなたの家を危険にさらすようだったら、私が責任をもってあなたに五百両を上げるから心配せずに私の言う通りにしなさい」

孫右衛門たちは保証を得て少し安心して大磯に帰った。しかし皆で話し合ってみるとそれで上手くいくのかと再び疑惑が生じてきた。そこで浦賀の宮原屋の二人は、

「まず家に帰って縁者と相談し、それから決めよう」

と帰途についた。途中、鎌倉まで来ると雨が降ってきた。そこで懇意にしていた淡海和尚がいる円覚寺の寺に泊まることにした。和尚に会って尊徳との話をありのままに聞かせた。博学多識の和尚は感心して、

「なんと馬鹿なことを。そんなよい教えを受けてまだ迷っている者があるか。すぐ実行しなさい」

と助言した。二人は信頼している和尚に言われて決心し、孫右衛門を説得した。その結果、孫右衛門は尊徳の教え通り私財を残らず売って、町役人に五百両を差し出した。町の

人びとも役人からこの話を聞き、皆が讃美の声をあげた。

こうして孫右衛門の評判は一変し、やがて孫右衛門の商売が盛んになり、尊徳の言ったことは事実となった。

しかし数年を経て、孫右衛門は次第に尊徳の教えを無視して私利私欲に流れ、以前に差し出した金をも再び自分の家業のために使うようになった。尊徳は人を通して孫右衛門を諌めたが、助言に従わず結局は極貧に至ったのであった。

実に、尊徳先生の教えに従うときは、いかなる紛擾《ふんじょう》争乱も、たちまち安穏平和となり、いかなる災害も幸福に転ずるが、ひとたびその教えに背くときは、またたちまち積年の功も一時にすたれるのである。この事件は、小さいことのようではあるが、深遠な大道がその中に存している。これを悟らなければならない。

高慶が考えるに、およそ商売を業とする者は短期の利益を求めるに汲々《きゅうきゅう》として、善を積んで長期に発展しようと考えない。災害が襲来すれば、いたずらに天を恨み、人を非難するばかりである。これでは到底滅亡を免れることが出来ない。孫右衛門のごときはそれであった。

先生がその困窮を救われるに当っては、過去を明らかにして将来を察し、滅亡を変じて存続とし、禍を転じて福とせられた。その深謀遠慮は、ただ至仁の人にのみ期待出来ることで、凡人の及ぶところではない。まさしく先生が一戸一村を復興せられるに際し、このような事例は枚挙にいとまがない。ここにそうした例を記して、その社会を利し事物を救済されるに、ことごとく至誠から出たことを示したのである。

二・中村玄順、尊徳に教えを受ける

中里村の玄順

下野国芳賀郡中里村（栃木県真岡市）の中村玄順は農家であったが、医術と剣術を学んで出世したいと考えていた。口先は巧みであったが信用はなかった。あるとき玄順は妻に、「こんな田舎では特技があっても駄目だ。江戸に出て医術で身を立てようと思っている。一緒に来てくれないか」

と言ったので妻は仕方なく承知した。しかし玄順はもともと医術の力があるわけではなかったので、患者は来ず貧困となり、その日の食事にもこと欠くようになった。妻は嘆いて、

「あなたの医術では、下野のように辺鄙な土地でさえ、成り立つことはできませんでした。ましてやこの江戸には名医や学者が数多くおられます。それにもかかわらず、運がひらけることを願っておられます。私は最初から駄目であろうと思っていたのですが、夫に従わなくては妻の道は立たないので、仕方なく江戸に参ったのです。想像していた以上の貧困ぶりでこのままでは生活していけません。どうか私にお暇をください。娘二人のうち一人は私が連れて故郷に帰ります。人の田を耕しても、二人ならばなんとか食べてゆけます」

と離縁状を書いてくれるようにせがんだ。玄順はやむを得ずその求めに応じたが、貧苦はいかんともしがたく、結局は懇意にしていた細川家の藩医の中村周圭の家で世話になった。

しばらくしてその周圭が病死してしまった。周圭には子供がなかったため、細川家の藩主は中村家を哀れんで周圭が懇意にしていた玄順に中村家を継がせた。こうして玄順は幸運を得たが借金がすぐに二十五両となった。

どうすればよいかと悩んでいたところ、親戚の岸右衛門（先述）が玄順に、

「下野の桜町に二宮尊徳という人がいる。困っている人を助けてくれるということだ。いま江戸の宇津家の邸内におられるので、この人に頼んで無利息の金を借りて、まずは借金

を返済するとよい」

と話した。そこで玄順は旧知の横山周平にお願いを取り次いでもらったが尊徳に断られた。玄順は諦めずに何度もやって来ては懇願したので、尊徳は横山の顔を立てて面会した。これが細川家仕法の発端である。

玄順に忠義の道を諭す

玄順は事情を話して、二十五両の借金を願い出た。そこで尊徳は尋ねた。

「今、借金のために苦しむ者はあなただけではないでしょう。あなたのお国は富んで、農民は豊かに暮らしていますか?」

玄順が、

「いいえ、領内の土地は荒れ果て農民も困窮しております。そのため私の扶持米もごく僅かでこのように困窮しているのです。どうか私をお助け下さい」

と言ったので、尊徳は、

「あなたは大きな過ちを犯しています。家臣たるものの道に、武士と医師との区別はありません。我が身を顧みずに、主家のために忠義を尽くすのが家臣の道です。現在、あなたの主君は困窮によって、公儀に対するお勤めだけでなく、農民を保護・育成することさえ出来ずにおられるではないか。このような時は、家臣たる者は命を捨てる覚悟で主君の苦しみを取り除き、農民に対しては仁政を行うことが何より大事なのです。

それにもかかわらず、あなたは、ただ我が身の貧苦を免れるために私に借金を申し入れておられる。なんたることですか、これで忠義といえますか。あなたが私に面会を願ったのは、細川家の艱難を心配し復興の方法を聞きたいためだと思っていたのです。あなたの求めるところは僅かな金銭ではあるけれども、その志は私の心に反している。どうしてその求めに応ずることができようか。すぐにここを去りなさい。二度と来てはいけない」

と戒めたので玄順はあわてて、

「私が間違っておりました。自分だけの哀れみを乞うてしまいました。これからは心を入れ替え、世の中のために心身を捧げたいと思います。先生、どうか今後いろいろと御教示下さい」

と言って頭を下げた。尊徳は苦笑して、

「あなたが家臣たる者の道にはずれていたので一言を申したまでのことです。あなたに教える道など知りません」

と返答した。玄順は恥じて再会を懇願して帰った。

三、細川家、尊徳に復興を依頼

常陸国（茨城県）谷田部の藩主細川興徳《おきのり》は七十歳を超えていたが、跡継ぎに恵まれず、有馬家（筑後久留米藩二十一万石、福岡県）の次男辰十郎を養子としていた。辰十郎君はすこぶる英才があって、国家の衰弱、上下の艱難を憂い、いつか経国済民の道を行って再興したいと考えていたが、その方法が見つからなかった。あるとき辰十郎君は、ひそかに玄順に相談した。

「余は有馬家で成長し、苦労というものを知らずに過ごしてきた。当家に養子にきて初めて当家の上下の困窮が厳しいことを知った。このままでは負債は膨大になり、国が滅びてしまう。なんとかしたいと思っているが良い策が浮かばない。そなたに何か良い考えがあればなんなりと申せ」

玄順は以前から尊徳のことを申し上げ、手柄をたてる機会を探っていたので早速、

「若殿の御心痛の通り、今のままでは我が藩はどうすることも出来なくなりましょう。お

国を回復するには格別優れた人物の指導がなければ不可能と思います。私はそうした人物を存じております。二宮尊徳という名で小田原の農民の出身ですが、才略・徳行は抜群でございます。

小田原公がこれを挙用《きょよう》（取り立てて用いる）して分家の宇津家の土地が廃衰していた再興を任せられ、数年で成功して、三ヵ村の民は非常な艱難を脱して、平安の地を得ることができました。租税も以前のように増え、宇津家も積年の艱難をこれによって免れております。小田原公はその功績を賞賛され、いずれは十一万石の領地の再盛を任じたいとお思いになっています。実に世にもまれな英傑であります」

と持ち前の弁舌をふるって尊徳の人柄と業績を話した。辰十郎君は、

「まことにそちの言う通りならば、二宮は優れた英傑というべきである。二宮の力を借りて、そちと心を合わせて勤め励めば願いは成就するであろう。だが残念なことに、家臣たちには国家のために私心を去って忠を尽くそうとする者がほとんどいない。自分はまだ部屋住みの身であって、余が事を表立って始めたならばきっと失敗するであろう。それゆえ、そちはひそかに二宮の所に行き、余が苦心するゆえんと、先生の指導を得て国家を再興したいという願いを告げ、当面の処置を聞いてきてくれ。二宮が余の苦心を察したならば哀

れんで、適切な処置を示してくれるかもしれない。そうすれば、それに応じてなすべき道が得られよう。必ず誤りのないよう運んでくれ」

と命ぜられた。玄順は、

「殿様ご安心ください。私は古代中国の弁論家の宰我《さいが》や孔子の弟子の子貢《しこう》のような弁舌をふるって殿様の意思を貫通させ、二宮の良策を得て再び言上いたしましょう」

と言ってその場を退出した。玄順は再び尊徳のところへ出向いたが横山（周平は前年病没、その息子か）から、「先生はすでに下野に帰られ、私も近日中に行くところだ」と知らされた。

玄順から尊徳が下野に帰ってしまったことを聞いた辰十郎君は、

「二宮のことを父上に申し上げたところ大変喜ばれて『家中の者たちに悟られないように事を進めよ』とおっしゃった。そちは秘密裏に二宮と会う方法を考えよ」

と指示した。

そこで玄順は、辰十郎君の奥方の安産祈願のためという名目で、自分を下野の子安地蔵に行かせることを進言し、下野に行った。玄順は尊徳に会い、

「ある時、若殿の辰十郎君は私に藩の政治についてお尋ねがありましたので、先生のこと

をお話ししました。すると若殿は、ぜひとも先生に藩政を委ねて復興をしたいとおっしゃったのです。我が藩においては、借財はすでに十万両を超え、領地の租税も年々減少しています。これを心配して御本家の細川家（肥後熊本藩五十四万石、熊本県）が、本家・分家のよしみで毎年援助を続けておられましたが、すでに八万両に達しています。それも現在では取りやめになっています。このため藩の復興が必要となったのですが、既得権を持った人びとによる抵抗が心配なのです。

殿はすでに老齢であり、御養子の若殿はまだ家督を継いでおられないので、若殿が改革の命令を出すことは出来ません。うかつにこの大事業に着手して、家中の人びとの不満をかい、失敗に終わってしまうことが心配なのです。そこで改革の道を開くための良策を、密かに先生のところへ行ってうかがってまいれとお命じになったのです。若殿の心労をお察しくださり、御教示くださいますならば、これ以上大きな幸せはございません」

と願い出た。

君意を群臣の総意に帰す

尊徳は若殿の憂慮を思いやって、

「私は小田原の家臣なので他藩の政治を語る立場にはありません。しかし、あなたの主君が苦しむ状態にいたったことを聞きながらそのまま放置しておくことは出来ません。そこで一言だけ申しましょう。

そもそも国が衰えるのは国の分度が明確でなく、収入以上に支出するからです。贅沢によって借金する一方、年貢をしぼり取れば、農民が領主を怨み農業に力を入れなくなるのは当然です。この禍いは国に分度が確立していないために生じたものです。分度を立てて節度を守り、仁政を行えば国の復興は出来るのです。

ご存じのように、我が日本が神代《かみよ》の昔から、開墾された田畑があったのではなく、先人のたゆまぬ苦労・努力によって現在のような田畑になったのです。この道理で衰えた藩を興せばよいのです。贅沢に流れ、倹約の道を捨てていれば、衰退してしまうのは当然です。根源の道理に立ち返らなければ、国を再興させることは出来ません。私がこの桜町を復興したのも、この大きな道理を行ったからです。

あなたのお話によると、家中の人びとの妨害を心配されているようですが、これもこの道理を明らかにしていないからです。今、藩の復興と安泰の方法を明確にすれば、国は栄え民心は安定します。そうしなければ滅亡するしか道はありません。このことを家中の人びとに示し、どちらの道に従うか決めたらよいでしょう。心のねじけた家臣であっても国の滅亡を選ぶ者はいないはずです。その場合、肝心なことは家中の人びとの総意によって改革し、仁政を行うという形をとることです。元々は主君の意志によって始めたと言っても、家中の総意とするならば、仁政を嫌う連中がいても、その妨害をしたら刑罰を受けるだけです。どんなに愚かな者でもそんなことをするはずはありません。

とはいえ、藩政の基本となる分度を制定し、盛衰・存亡を明らかにすることはあなたには無理でしょうから、私がそれを明らかにしてあげました。それには租税関係の過去十年の帳簿が必要だから持っておいでなさい。そうすれば、私が分度を示してあなたに差し上げられます」

と言ったので、玄順は大いに喜び、江戸に帰って尊徳の深い思慮と良法について言上した。藩主父子も喜び、租税関係の帳簿を持たせて再び玄順を桜町に派遣した。

コラム

○大飢饉と大塩事件

大飢饉が発生した天保の頃の騒然とした世相は、藤沢周平の時代小説の中でも描写されています。

〈天保に入ってから、全国に飢饉が相つぎ、ことに天保七年の飢饉は、奥羽の死者十万といわれた大飢饉で、江戸でも米塩の値段はうなぎのぼりにはね上がった。この情勢を背景に、三河加茂郡、甲斐郡内地方に起きた一揆は、領主、代官も押さえかねる勢いだったことは江戸まで聞こえて来て、……郡内騒動の翌年には、大坂で東町奉行所の元与力で陽明学者でもある大塩中斎（平八郎）が反乱を起こし、大砲を放って大坂の町を焼く騒ぎとなったが、大塩が率いた人数の大半は、暮らしに喘《あえ》ぐ市内の細民、近郷の貧農だったことが知られている。……〉（『よろずや平八郎活人剣』より）

尊徳は〝大塩平八郎の事件〟に大きな関心があったようで、大坂の知人への手紙の中で、

「この春には騒々しいこと（大塩の乱）が起こり、御心配あそばされたことと思いますが、いったいこの騒動は幕府を狂わせるようなことだったのでしょうか。それとも御政治に役立つ出来事だったのでしょうか。いろいろと評判があって、実説がわかりませんので、もしお暇があったら、事が仁か不仁か、真実をお知らせください」

と書き添えています（天保八年、伊谷治郎右衛門あての手紙）。

伊谷はこの質問に対して、

「大塩平八郎は奸賊《かんぞく》にちがいありません。別紙の木版印刷物を貼りつけたり、投げこんだり、まことに言葉で言えないほどの不届者で、木版の印刷文の文意とやった行為とは全くちがっております。意図は逆賊、行為は奸賊《かんぞく》で、逮捕されたときには刀も脇差しも持たず、武士として大恥をかいたありさまは、全くの慢心にちがいなく、とるに足らぬつまらぬ人物です。ところが城代をはじめ町奉行は大変驚き、その様子は大笑いするほどで、僅か四時間ばかりの騒ぎでしたが、武士の惰眠を覚ますにはよい薬となりました」

と返信しています。

巻の五

一．細川家の分度を定める

本家と分家の対立

玄順は租税の帳簿を持って桜町に行き、藩主父子が大いに喜ばれたことを伝えた。そののち尊徳は租税を調べ、豊年と凶年の平均を出し、永続安泰する方法を説明した書物（『為政鑑《いせいかん》』）を示し玄順に教え諭した。

「国の復興の道はここに詳しく書いてあります。これによって主君の迷いを解き、家中の人びとにも示して採用するか否かを決めなさい。これまでの負債を計算すると十二万両を超えており、このままではその利息さえ返済することが出来ません。しかしここで示した分度を守り仁政を行えば、借財は全て返済した上、何千の貧民であっても救済が可能です。

また御本家の細川家は、多大の援助をしてくれており、まことに信義に厚いというべきで今後も大事にすべきです。あなたは主君に、藩政の改革と領内の復興を実行しようとしていることを詳しく御本家に伝えるように言上し、同時にこの書を本家に差し出すように伝えなさい。これは御本家の年来の心配を解消する一端となります。この点を間違ってはいけません」

玄順は顔色を変えて、

「それは無理です。現在は本家と分家とは名ばかりで、ここ数年は家臣の往来もありません」

と言った。尊徳は怪訝《けげん》に思い、

「本家・分家の親しみがなくてどうして八万両もの援助があったのですか？」

と尋ねると玄順は答えた。

「我が主家は二百年以上も前から本家を怨む理由があって、八万両の援助を受けても本家に感謝の答礼をしていませんでした。そこで近年、本家は援助をやめてしまったのです。怨む理由というのは、そもそも我が主家の先祖興元《おきもと》様は気性が荒く、父や兄上の細川三斎（熊本細川家の先祖）様の言うことを聞かなかったのです。ですからご両人は怒って興元様を比叡山の僧にしたのです。

しかし大坂の役《えき》のとき、比叡山を下り徳川家のために活躍しました。この戦功に対して、家康公は興元様に十万石を与えようとされたのです。三斎様がこれをお聞きになり、『弟は父の命令に逆らい、独断で戦場に出て行ったのです。戦功を立てたと言っても道義を見失っているので、けっして過分な恩賞はくださいませんように』と諫められたのです。そこで家康公は恩賞を一万六千石に減らしたのです。

興元様とその家来たちはこれを聞いて三斎様を怨みに思い、それ以降、数万両の援助を受けても感謝する気持はありません。そういうわけで、私がこの書を本家に差し出すことは無理なのです」

細川三斎公の深慮

これを聞いて尊徳が、

「あなたの主家が三斎公の哀れみの恩を知らず、ただ禄高の減少を怨みに思っているとはなんたることですか」

と言うと、「十万石を失ってどうして恩がございましょう」と尋ねたので尊徳は、

「あなたにはわからないのですか。そもそも三斎公は天下の優れた英傑で、また情け深い方でした。その志は単に自分の身内や妻子を愛着することではない。興元様が父や兄に従わず、憎となってもその道を行わずにいたとしたら、三斎公が興元様を危険な人物であるとみなすのは当然です。

世の中で本家・分家の縁より親しいものはないにもかかわらず、本家を軽んじ恩を忘れ、音信不通《おんしんふつう》にしてしまうとは何たることですか。これを改めずに藩を復興しようとするのは無理な話です。すぐに三斎公の恩に感謝して、本家・分家の道を正し、疎遠の非礼を詫びなさい。そうすれば本来は心の広い御本家であるから、仲の良い状態に戻るでしょう。

私の仕法は本家・分家の親しさがあってこその事業である。もしこのことを無視するなら私の知るところではない。このことを藩主父子へ必ず話してください」

と返答した。玄順は江戸に帰り、藩主父子に、尊徳が、「本家との疎遠を改めるようにしなさい」と述べたことを伝え、『為政鑑』を差し出した。そしてこの書物に〝盛衰・興廃の原理〟が詳しく書かれていることを話した。

藩主父子はこの書を読み、感心して喜ばれ、以前の過ちを改め、本家の旧恩を感謝し信義を尽くそうと述べた。そして藩主は群臣を集めて、

「皆が知るように、我らは藩政のあるべき姿を見失い、艱難はなはだしく家中の人びとは困窮し、農民も飢えや寒さを免れることが出来ないでいる。ここに、小田原藩の二宮という者が国家再興の道を実行して素晴らしい成果をあげていることを知らせた者（玄順）があった。その二宮が我が藩の再興・安堵の基本を立て、ここに数巻の書にして贈ってくれた。しかしこの仕法は大事業で、実行するには皆が一致団結しなくては不可能である。そなたたちがこの書を閲覧し、良ければ実行しよう。良くなければ不採用とし、代わりの国家再興の良策をただちに我らに告げよ」

と命じた。群臣は初めてこのことを聞き、ある者は驚き、ある者は疑いながら『為政鑑』を読むと、再興の方策は非常に困難ではあるが、その道筋は理解出来るものであった。そこで群臣揃って、

「殿がこの良法を得られたことはまことに我が藩にとって大幸といえます。ただちに御発令ください」

と言上した。その後藩主たちは本家に出向き、過去の援助を感謝するとともに尊徳の『為政鑑』を示して復興方法を説明した。本家は非常に喜ばれて、

「分家はかつての疎遠を悔い、改革仕法を実行し領内の安定に尽くそうとしている。これ

以上の喜びはない。二宮なる者は我らとなんのゆかりもないのに誠意を尽くしてくれている。この改革を実行するには多額の資金を必要とするだろうが、二宮の誠意に応えるためにもそれを本家で援助しよう」

と約束した。ここにおいて長年の恨みは消え失せ、大いに親睦の道が聞けた。藩主父子と家中の人びとは尊徳の深い思慮に感嘆した。

高慶が考えるに、尊徳先生が父子兄弟の道を論ぜられること、まことに偉大ではないか。先生の一言によって、本家分家二百有余年の憤怨《ふんえん》が物の見事に氷解し、互いに親睦すること、昔の同族兄弟にも勝るようになった。けだしその言葉が正大で、深く人倫の義に徹しているので、これを聞いて誰しも感嘆し、心にとどめざるを得ないのである。後世いやしくもこれに鑑みるならば、父子兄弟の愛はますます厚くなり、利を見て親しみを忘れる禍はなくなるであろう。実に、一言にして天下の兄弟たる者の道が定まった。至賢の人でなくて、どうしてそのようなことができたであろうか。

しかしながら、筆者は親しくこの言葉を聞いたのではなく、要略を伝え聞いただけであるから、おそらくはその趣旨を十分尽くしていない点があるであろう。

二・細川領を復興し、負債を償う

ものには順序がある

こうした経緯によって、細川家ではますます尊徳を信頼し、藩主自らの書簡で、農民を保護・育成し興国安民を確立する仕法を尊徳に依頼することを決定した。玄順は桜町に行き、藩主の手紙を差し出し依頼を申し述べた。しかし尊徳は、

「あなたの主君は大業を実行に移すことを私に依頼されたが、私は他藩の領内復興の道に関与出来る立場になく、この御依頼をお受けするわけにはいきません。主君の命令を受けず、他家の事業に関与することは家来の道を無視することになるからです。あなたの主君はなぜ私の主君に願わず、直接私に依頼するのですか」

玄順は驚いて、

「おっしゃることはごもっともです。ただちに主君に申し上げて大久保忠真公に嘆願いたしましょう」

と答えたところ、尊徳は、

「私はそうせよと言ったのではない。ただ物事を進めるには順序があると申したまでのこと。私からも細川家から依頼があったことを忠真公に申し上げておきましょう」

と言った。玄順が戻って報告すると、藩主は、

「確かに二宮の言う通りだ。領内復興事業のことに心が向きすぎて、この大切な道を忘れていた」

と述べ、すぐに家老を忠真公に派遣し、詳しく依頼の趣旨を述べさせた。尊徳も人を通してこのことを忠真公のお耳に入れていたので、忠真公は、

「天下万民の救済に自藩・他藩の区別があろうか。二宮が我が藩の事業の合間に他藩を援助することが出来るなら、もとより余の喜びとするところだ」

と、細川家の願いを許した。

玄順、細川家の用人となる

玄順は桜町に出向き、忠真公の意向を伝えて尊徳に仕法を要請した。そこで尊徳は、桜町育成の残金数千両を送ると共に、弟子の大島勇助に常陸国谷田部・下野国茂木の二ヵ所の指導を命じた。荒廃した土地を起こし、用水路などを整備し、広く仁政を行い、復興事

業が遂行された。

領民は非常に喜び、その恩恵に感謝し大いに耕作に精を出すようになった。この結果、数百町の田が開墾され、復興の費用にあてる分度外の米穀を千五百俵も産出した。こうして、長年にわたる数万両の負債を償い、隣国までその仁政が賞讃されるに至った。

藩主父子は喜んでますます尊徳の人徳を敬った。そして玄順を召し、「余の長年の願いは二宮の仕法によって成功疑いない。その発端はそなたの忠義から起こったものである。いまから医業を廃止して中村勧農衛《かのえ》と名を改め、この道に励むがよい。その方の功労を賞し俸禄百石を与え用人職《ようにんしょく》（庶務・会計などを管理した要職）を命ずる」と申し渡した。玄順は君恩を感謝し、細川家の用人となった。これによって、玄順は藩の権力を掌握しその威勢は家老をしのぐ程となった。

三．細川公の大坂勤務とその道の説示

一八三八（天保九）年、幕府は細川公に大番頭《おおばんがしら》（大坂城警備隊長）を命じた。細川公は財政再建のためにこれまで幕府への奉仕の道を欠くこと数十年で、今この命令を受け大いに

本意を遂げたわけである。しかしまだ領内再建途中で、大坂での勤めを十分に果たす費用がなく、勤めようとすれば領内復興の事業を達成することができず、どうすべきか悩んだ。そこで公は玄順に両全の道を尋ねた。玄順は、

「公儀の命令はお断りすることはできませんし、領村再興も諸公の職分ですから、廃止すべきではありません。やむを得ませんから両方とも生かして、大坂での職務については万事質素を旨としてお勤めになったらよろしいでしょう。念のために、私はこの件を二宮に相談し、良案を得ましたならば言上いたします」

と答え、尊徳を訪問した。そして、節倹を尽くして大坂勤務に当たり、領内再興の道と併存させようとする玄順の意図を申し述べた。すると尊徳は顔色を変えて言った。

「中村氏、あなたの過ちは実に大きい。ほとんど大事を誤って、主君を不義に陥らせるところであった。いやはや危ういことだ」

玄順はこれを聞き、

「拙者は両道を全うしようとしているのです。しかるに、拙者が我が君を不義に陥らせるとおっしゃるのは、どういうわけですか？」

尊徳は、

「あなたは君臣の大義がまだわからないのか。およそ臣として君に仕えるのに、身命をなげうつことは古今を通ずる道である。まして一家の興廃などは、もとより顧みるべきことではない。これまでは財政困難のために幕府から役儀の命令が下されず、多年奉仕の道を欠いて済まされたのは、幕府の寛大な処置によるものではないか。今、主君が仁政を領中に下され、負債の半ばは償われ、多年の艱難を免れる日も近い。この時に当たって幕府から命令を受けられたことは、君臣の本意であるから心力を尽くしてその命令を奉じ、忠義を尽くそうと考えるのが当然である。

しかるに領中再興のことを考えて、公務の費用を削減しようとはかるとは、私事のために公務を軽んずるものでなくて何であろう。いったん幕府がその職務を任命せられた以上は、天下にこれより重いものがあろうか。この時に至っては、領民撫育・領内再興のことは私事である。すみやかに仕法をやめ、領民撫育の費用をもって大坂勤務の用にあて、足らなければ領民に命じて御用金を出させるべきだ。なお足らなければ、公務のために借財してどうしていけないことがあろう。平生《へいぜい》一家の艱難のためにさえ他人の財を借りたではないか。

そういうわけだから大坂勤務の用具は一物も欠いてはならない。お金も節約してはならない。諸公としてその職を勤めるとき、武備が完全でないのは忠義と言えない。たとえ領村が、このために衰退しようとも顧みることでない。平生仁政を行い、下民を安んじ、節倹を尽くしてその分度を守るのも、天下の命令があれば身を捨て家を捨て、百万の敵たりとも一歩も退かずこれに当たって奮戦を尽くし、忠孝の大道を踏まんがためではないか。太平の世の奉仕と乱世の奉仕と、事は違うようではあるが、忠義の心においては髪一本の差もあるはずはない。

大番頭は諸旗本の長である。大坂に行くのは大坂の城を守って、万一事変があれば京都を警衛（警戒し護衛すること）し奉り、非常の奉仕をなさんがためである。しかるに今その費用を削って、家政の一助を立てようとするならば、大義を失って私事のために公務を欠くという大過に陥るであろう。どうしてこれを忠と言い、義と言うことができようか。あなたは主君を不義の立場に陥らせようとしたのだ。いやはや危ういことだ」

と、玄順の誤りを指摘した。

この説明を聞き、玄順は深い嘆息をついて言った。

「不肖の拙者、危うく大事を誤ろうとしていました。先生のお教えがなければ、どうしてこの大義を知ることができたでしょう」

尊徳は、

「あなたはただちに私の言葉を主君に報告して、仕法を中止し一途に忠勤を尽くすようにされるがよい。もしこのために領村が再び衰廃したならば、私がまた時機を待ってこれを復興してあげよう。領村を復興することだけが仕法ではない。その時に応じて当然の道を行うことが、すなわち仕法の本体である」

と述べた。

玄順は尊徳の言葉を細川公に言上した。公はその正大な言葉に感じ、それ相当の用意をととのえて、大坂勤務に力を尽くして奉仕したという。

高慶が考えるに、細川公は尊徳先生の指導によって政治を行い、広く恵沢《けいたく》を施して積年の衰廃を挙げ興した。英明ひとに過ぎる者でなければ、よくなし得ないところである。中村玄順は小才によって至誠をもって貫くことができなかった。先生はこれを教えること至れり尽くせりであった。もし玄順が我意を捨てて終始先生の教えに従ったならば、国の興隆は数年で達成されたであろう。惜しいことに、玄順はその志を得るに及んでしばしば私知を用い、先生の教えに従おうとしなかった。ここにおいて、することに錯誤が多く、人心が離れ、その功を奏することができなかった。自ら招いたものにほかならない。

四．小田原の忠真公、尊徳に飢民の救済を命ずる

小田原領も飢える

一八三六（天保七）年の大飢饉は小田原藩にも大被害をもたらした。忠真公は非常に心配したが数万の飢渇を救うことは出来ず、尊徳に手伝ってもらおうと、使者を桜町の尊徳の元へ派遣した。

尊徳は使者に言った。

「これまで私が桜町に来て土地の復興、民心の安定に努めてきましたのは、ただ、殿の委任をお断りすることが出来なかったからです。この飢饉に際し、この桜町の農民を救うために働いているので少しの暇もありません。それにもかかわらず、今、当地の飢饉に苦しむ民を棄てて江戸にお召しとは殿のお考えは間違っていませんか。御命令には応じられません。もしお問い合わせのことがあれば殿御自身で来ていただきたいとお伝えして下さい」

使者は怒って、

「家臣が主命に従わないのは無礼である。私は主命を受けて使者として来たのに、このような無礼な言葉を殿に御報告申し上げられるものではない。ただちに御命令に従って江戸に行きなさい」

と言った。すると尊徳も憤然として、

「使者の役目は御主君のお言葉を取り次いで、私の答えを取り次げばよいだけだ。他のことはあなたの役目ではない」

と言った。

使者は江戸に戻り、尊徳の言葉どおりを報告し無礼者と訴えた。すると忠真公は、

「理由を言わずに二宮を呼んだためにそのように答えたのだ。二宮が命に従わないのは当然で私の間違いだ。おまえはもう一度桜町に行き、私が大いに間違っていたと二宮に伝えてくれ。そして、小田原の農民がすでに飢渇に瀕しているので、望むらくは小田原に行って飢えに苦しむ民を救い、私の心労を安んじ、国の大きな憂いを取り除くことを頼みたいと伝えてほしい」

と述べた。使者は公の言葉に驚き、再び桜町に出向き主命を伝えた。尊徳は、

「わかりました。殿の御心労がそれほど大きいのであれば御命令をお受けせざるを得ませ

ん。しかしながらこの土地の民を救うことは十年前の約束ですから、この土地の農民より早く小田原の農民を救うことは出来ません。この土地の復興に目途がついたらすぐに小田原にまいりますと殿に申し上げてください」

と使者に言った。

忠真公はこれを聞いて喜ばれ、家老たちに次のように命じた。

「二宮は我が藩のために一身をなげうち、下野の廃村を復興し三ヵ村の民心を安定させ、大事業を成功させた。特別優れた人物でなければ出来ないことだ。そこで今度は小田原藩の数万の飢餓に苦しむ人びとを救済することを任せるつもりだ。これらの貢献に対して何か褒美を与えたいのだが、二宮は素直に従わないにちがいない。だが功績のある家臣に賞を与えずして、どうして藩主の職務を全うしていると言えようか。その方たちで二宮を賞する方法を相談してほしい。私も考えておこう」

家中の人びとの相談が決定しなかったので、忠真公は、

「俸禄は僅かだが用人格として二宮を賞すべし」

と命じた。尊徳はこの年の十二月、下野から江戸に到着した、忠真公は発病していたが尊徳の到着を喜び、すぐに二宮を賞せよと命じた。そして恩賞を下賜される前日に、人を

遣わして自らの〝麻の礼服〟を与えるように指示した。

使者が主命を伝達すると、尊徳は憤然として言った。

「私にこのような礼服をくださるとはどういうことでしょう。私には不用のものですからお受け出来ません。どうか殿にお返しください」

使者は怒って言った。

「なんと言ういい草だ。殿が自ら着用された着物をくださるというのに、お返しせよとは家来の道はどこにあるのだ」

すると尊徳は、

「家来の道を知らないわけではありません。むしろ殿の方が主君の道を御存じないのです。いま数万の農民が餓死寸前の状態にあります。殿は御自身でこれを救うことが出来ないため、私を呼んで農民たちを救わせようとされています。ですから殿が農民を救う方法を問われ、農民のために穀物をくだされるものと思っておりました。私が礼服をお受けしても、飢餓に苦しむ農民には何の役にも立ちません。このような時にどうして礼服を着て飢渇の民を救えましょうか。だから不用なものだと申したのです。ただちにお返しください」

と言った。

使者は怒りながら尊徳の言葉どおりを主君に伝えた。忠真公は感嘆して、

「ああ、二宮はなんと賢明な人物であろう。二宮の言葉は古今を通じての金言である。私の大きな誤りであった。それは与えなくてもよい」

と前言を撤回した。

俸禄ならば千石を望む

その後、忠真公は使いの者を通して尊徳を役所に呼んだが、尊徳は使者に言った。

「殿は私になんの御用があるのでしょうか。もしかしたら、私に俸禄の恩賞をくださるためではありませんか。そうだとしたら、早く小田原に行きたいので殿の御命令と言っても伺いません。もし俸禄をくださるというなら千石をください。しかしそれは到底無理というものでしょう」

そこで、使者が尋ねた。

「あなたは官位・俸禄を受けないと言われたにもかかわらず、千石を与えよと言うが、その千石の禄をどうなさるのか」

尊徳は答えた。

「禄位はもとより受けるつもりはない。もし千石くだされば、すぐにこれを飢民に与えて命を救うだけのことです」

使者は、尊徳の言葉を忠真公に伝えた。忠真公は、

「二宮の言い分はもっともだ。命令は撤回する。後日、賞することにしよう。今、私の手元にいざという時に備えての金が千両ある。これを二宮に与え窮民の処置を任せよう。農民救済の穀物は小田原の米倉を開こう」

と命じた。家臣がこの命令を尊徳に伝え、千両を与えて、

「本来ならば殿がお命じになるべきであるが、殿は御病気が重いので私が伝達する」

と言った。尊徳はこの命令を受け、

「すぐに小田原に行き、農民を救って御覧に入れますので、どうか御心配なさらないようにと殿にお伝えください」

と江戸を出発し、小田原に向かった。

五．小田原公の逝去と遺言

尊徳が小田原に出発したことを、用人が公の病床で伝えた。公はこれを聞かれて、

「二宮が承知したか。病中の安心これにまさるものはない」

と喜ばれた。しかし、公に対してはあらゆる手を尽くしたがその効果なく、日々に病状が重くなられた。公は、快癒《かいゆ》の見込みがないことを察せられて、家老辻七郎右衛門・吉野図書・年寄三幣又左衛門・勘定奉行鵜沢作右衛門らを枕元に招き、病床から起き直られて、次のように遺言せられた。

「余の回復はもう無理だ。およそ生あるものは必ず死があり、寿命であれば致し方ない。ただ嘆くべきは、天下の執権を命ぜられて以来、上下の衰退を除き万民を安んじようとして心を尽くしたけれども、その志願を果たせなかったことだ。

現在、領民が困窮に及び、僅か一年の凶作でさえも飢渇に直面しておる。このようになったのは全て民の罪ではなく領主の誤りである。私は十数年来これを改め、農民の憂いを除き永安の道を開こうとしたが、その道を実行することができなかった。しかし幸いにも

領中に二宮なる者がいたのを知った。能力抜群なこの者を用いて、国の永安の道を任せれば、私の志が達成できると思い抜擢しようとしたが、群臣が承服しなかった。やむを得ず時機を待とうとして、分家の領村興復の事を任じた。

余の見るところにたがわず、彼はかの地の廃亡を興し、その百姓を安んじた。その事績は古の賢人といえどもなし得ぬところである。隣国の諸公はこれを慕って、その政治を彼に任せた。彼の功績はこのように明らかで、民は彼に帰し、人は彼を信じておる。けれども我が群臣は彼を小田原で挙げ用いて国事を任じようと思わず、いたずらに彼を他国の重《ちょう》宝《ほう》となして、みずからは流弊《りゅうへい》（前々から行なわれている悪い習わし）に安んじておる。これではどうして国家を憂える忠心があるといえようか。

余はもとより二宮を抜擢《ばってき》して、藩の改革に任じようと思うこと久しい。けれども群臣の不服はどうしようもなかった。彼は、余の命令を受けて野州の三ヵ村を興し、その民を安《あん》撫《ぶ》（民を安らかに落ち着かせる）し、余力を他国に及ぼして力を尽くしておるが、その心はどうして他国にあろうか。ただ小田原の民を安んじ、余の心労を休めようとするのみである。しかし、いかにせん挙用の道を得ない。せめて他の諸侯の懇切な求めに応じ、数ヵ国を興復したならば、ついに余の志も開け、そちども並びに群臣の眠りも覚め、小田原の上下安堵の道を得る一助ともなろうかと、そのまごころを生国の安堵に置きながら、力をかの国々に尽くしておるのではないか。余は二宮の深い意中を察していた。それゆえ他国の領村再復の事に力を尽くさしめたのである。

そちどもはこれを知っておったか、どうじゃ。余は時を待って大いに彼を挙用し、余の志を遂げたいと思いながら今日に至った。しかるにその事を果たさずに、余の命はすでに迫った。末期《まつご》の遺憾はただここにある。余はそちどもの忠心一途であることを知っておる。そちどもは心を合わせて余の多年の志を継ぎ、嫡孫《ちゃくそん》仙丸を補佐し、二宮を挙げて小田原領の興復、上下永安の道を委任し、いよいよ国家を安泰ならしめてくれよ。誓って余の遺言を忘れるな」

四人は主君の深慮に大いに感動し、落涙《らくるい》袖をしぼり、謹んで、

「我が君が天下国家を憂いたまうこと、このように深遠であられましたのを存じませず、不肖どもの罪は極めて重うございます。しかるに今この御命令をくだされまして、まことに身に余ることでございます。どのようになっても、身命に換え、我が君の御心を安んじ奉ります。何とぞ御心労あらせられませぬよう」

と言上した。公は初めて心を安んじ、ついに逝去《せいきょ》された（三月九日）。実に惜しむべく

悲しむべきである。賢明の君のもとに賢臣がありながら、群臣のために尊徳先生の挙用を果たさず、時機を待ったがついにその志を遂げ得なかった。どうして一国だけの憂いにとどまろうか。

六．小田原領の飢民の救済に励む

小田原領は駿河・伊豆・相模の三ヵ国にまたがり、西南には高山がそびえ立って、北にも曾我山があり、東は大海であって山海の利を得ている。中古、関八州の太守北条氏がここに居城を構えたのももっともである。土地が豊饒《ほうじょう》（肥えた土地）なため、風俗は奢侈に流れ、大きな困窮が差し迫ったが、これはその地の有利さに安住し、節倹の道を失ったためではあるまいか。

時に一八三六（天保七）年の夏、冷気・長雨・暴風によって五穀が実らず、大飢饉となった。領民は百計を尽くして餓死を免れようとしたけれども、その手段もすでに尽き、死に直面した者が幾万人にも上った。国家老たちは苦心し思慮を尽くしたが、空論ばかりで日が経ち、少しも救荒の道として至当を得たものがなかった。藩士たちも空しく嘆いていた。その上、江戸の忠真公の病が重くなっているとの情報がたびたびあった。

こうした時、尊徳が小田原に来て、

「病床の殿は農民が非常に飢渇に苦しんでいることを嘆かれ、私に救済策を十分に行うように命じられた。そしてお手元にあった千両を私にくださり、穀物は小田原で米倉を開き、農民を救えと命じられました。ですから早急に米倉を開き、飢えた農民には無利子で貸し与え、農民を救ってやりましょう」

と述べた。そこで家老たちは米倉を開けることについて評議したが、

「殿が二宮に命じられたとのことだが、まだ我々には命令がない。御命令がないうちに米倉を勝手に開くことは出来ない。後日、殿からおとがめがあれば罪となろう。江戸に伺って御命令があれば開くべきだ」

などと議論はいつまでも決定しなかった。

こうしたやり取りを聞いていた尊徳は、

「今、何万という飢えた人がおり、殿はこの人たちの苦痛を心配され、救援が遅れることを嘆かれていたのに、そのような議論をしているとはなんということですか。各々方の職務は何ですか。農民に安定した生活を営ませることであり、上は殿の心を安んじ、下は万

民の悩みや苦しみを取り除き、国が心配のないようにすることではないのですか。にもかかわらず、むやみに議論ばかりして無駄な日々を送っています。

本来は私が小田原に来なくても、各々方が率先して飢饉を救う対策を考え、一人の民も飢渇の心配がないようにすべきだったのです。もし御命令を待たずに処置したおとがめがあれば、その罪に服することが政治を行う皆さん方の務めではないのですか。

ましてや私が殿の命令を受けて『米倉を開いてください』と頼んでいるのに、なおこれを疑っているとは何事ですか。江戸にお伺いをたてていたら、また何日も費やすことになります。しかし農民の餓死は目前なのです。このまま、江戸の殿の御命令を得るまで米倉を開かなければ、飢えた民の大半は死んでしまうことでしょう。

あなた方のように、食物になんの不足もなく机上で論じている間は、民の本当の苦しみを知ることなど出来ません。だから、江戸からの返事が来るまで、皆さんも領民と同じく食事をすべきではなく、私も断食して議論の席に臨むことにします」

と大声で言ったので、一座の人びとは驚き、また当然の道理を感じ、米倉を開くことに同意した。

そこで尊徳はただちに米倉に行き、倉の扉を開くようにと番人に言った。番人も殿の御命令がなくては開くことは出来ないと言ったが、尊徳の説得によって倉を開いた。尊徳はその俵数を点検して領村への運送の手配りを定めた。それから領中を歩いて、あるいは高山を越え深い谷を渡り、終夜まで少しも休まなかった。

この頃になって、勘定奉行の鵜沢作右衛門が君命を受けて江戸から来ていたので、尊徳と共に回村した。尊徳は忠真公が逝去されたことを聞くと、

「ああ自分の道も今やここに窮まった。あの賢君がいたからこそ私は安民の道を行うことが出来たのだ。私が初めて命令を受けてから十有余年、千辛万苦《せんしんばんく》を尽くしたのは何のためだったか。上《かみ》は明君の仁を拡め、下《しも》は万民にその恩沢を被《こうむ》らせようとする以外に何もなかったのだ。しかるに、その事が半ばに至らぬうち、主君はついに逝去されてしまわれた。これからは誰と共にこの民を安んじたらよいのか」

と、大いに嘆き悲しんだ。だが、しばらくして表情を改め、毅然《きぜん》とした態度になって、

「いやいや、嘆き悲しんでばかりいて飢民救助の道を怠り、小田原の領民を一人でも死なせたならば、主君の尊霊はきっとお嘆きになるであろう。一刻も早く主君の仁沢を布《し》いて、この民を救う以外にない」

と決意し、涙をぬぐって回村し、一村ごとに困窮の度合いを無難・中難・極難と三段階

に分けて米の貸与数を定めた。お蔵米が着くまでの間に死亡を免れぬ飢民があったため、尊徳は数百両を持って、一人ひとり訪ね、自ら金を与えて、

「近日中に殿様のお恵みで、おまえたちは一人も死なずに済むようにお救いがある。それまでしばらくの飢えをこれでしのぐがよい」

と勇気付けた。村民は涙を流して、救助の恩恵を感謝した。見る人も落涙しない者はなかった。小田原の領中の村々は、このような巡回によって救われ、麦作が実るまでの食糧を豊富に貸与されたので、領中で離散死亡に至った者がなく、無事に大飢饉の憂いを免れたのであった。

実に尊徳先生の非常の丹誠により、一世の心力を尽くし、古今に類例のない救荒の良法を行ったのである。領民は大患を免れて、よみがえったような思いをし、大恩に感銘して、数万俵の貸付米が、一人の不納もなく、約束通り五年で皆納となった。これによって民心感動の深さを知ることができよう。これが、小田原領民が先生の良法を慕い、旧弊を改めて大いに良き習慣を形成した発端になるのである。救荒の具体的事績は、ほかに完全な帳簿があるから、今ここには概略を記すにとどめる。

七．分度なくして復興なし

幼い仙丸君が世を継がれた。このとき家老たちは先君の遺言に従って、尊徳に対し、「成功した下野国の復興法を小田原領内に移して、当藩に永続平安の道を開いてほしい」と領内復興を委任した。尊徳は謹んで命を受けた後、家老たちに次のように述べた。

「先君はかつてしばしば私に永続平安の方法をお尋ねになりました。そのとき私は『今、小田原藩の情勢を四季に例えれば、秋冷の季節に当たっております。そもそも秋は、春と夏に生育した穀物が熟して、作物が豊かに実る季節です。世の人はこの季節になると、後日の艱難を考えず、以前の苦労を忘れ、ただ目前の贅沢におぼれてしまいがちです。これは凡人の常であって、これが貧苦になる理由です。

小田原藩は一時期困窮し、高禄の重臣でさえ日々の生活に追われるありさまでした。ところが次第に困窮から免れ、領民の租税を増す一方、借財を返済せず贅沢三昧《ざんまい》にふけり、少しも後々の難儀を心配する気持ちがみられません。このような風潮にあって、上位の者（武士たち）に損をさせ、下々の者（農民）に利益を与え永続安泰の道を確立することは困難です。小田原藩は現在の季節はすでに秋に当たっていて、どうすることも出来ません。殿がお心を悩まされ、私に永続安泰の道を立てさせようとされても、世の中の風潮に反して、どのようにしてその道を確立することができましょうか』と言上しました。

先君は深く考えこんで『そなたの時勢を見る目はまことに明らかである。しかしここしばらくは実行できなくても、余の後の仙丸の代には実施出来るかもしれない。そなたはいまからその準備をして、後の世に必ず永続安泰の道を開いてくれ』と命じられたのです。私はそれも難しいと思いましたが、殿がこれほどまで藩政に心を費やしておられるのに、後の世となりましても難しいでしょうと申し上げてしまったら、殿のお心を安んずるすべはございません。仕方なく『仙丸君の時代になったら、実行出来る時が来るかもしれません。その時は可能な範囲で全力を尽くしましょう』と申し上げました。

先君は賢明な方で、領民を慈しまれることは我が子のごとく、興廃・存亡の時機を洞察されることは、とうてい常人の考え及ぶところではありませんでした。にもかかわらず、領内の悪習を排除することは出来ませんでした。ましてや現在の幼い殿が、衰弱しつつある藩を再び盛んにし、永続安泰の道を確立されることは全く不可能なことと存じます。しかしながら、今になってこれを辞退いたしましたら、黄泉《よみ》の国におわす先君の御憂慮を安らかにする方法はございません。成功するかしないかは別問題です。

とはいえ、ご命令のように、下野の仕法を小田原に移すためには、小田原の仕法の根本を立てなくては実行する手段はありません。仕法の根本とは分度を定めることです。私が諸大名の領内を復興したのも、全て分度を定め、その後に仕法を行ったからです。小田原の領内の場合も同じです。分度の根本を立てず、保護・育成する米や金もなく、漫然と村々を復興しようとするのは聖賢にも不可能なことです。

私に命じるのであれば、まず復興事業が成功するまでの分度を決定し、この分度で収入を計り、支出を制限してから、万民をお救いください。何よりも分度を立てることが最優先なのです。この根本が確立すれば、成功する道が生まれるかもしれません。分度を立てずに、むやみに復興させることは領民を惑わし、結局は過重な租税の取り立てに終始し、かえってその国を滅亡させる大きな憂いを生ずることになります。ですから分度は立てずに領内を復興せよとの御命令であれば、いかに君命が重いとはいえ、私は御辞退申し上げるしかありません。分度を立てるか立てないかは皆さんで決めてください」

家老たちは、

「そなたの言うことはもっともである。分度がなければ実行出来ないことは以前から聞いていた。しかし上位の者に損をさせ下々の者に利益を与えるということを、家中の皆に納得させるには時間が必要である。それまでの間、まず農村で良法を実施してほしい。近日中に分度を定め、永続安泰の道を実行しよう」

と言った。尊徳は、

「分度を決定しないうちに着手する手段はありません。まず分度を決めて下さい。農村のことは急ぐ必要はありません」

と述べたが、家老たちは事業の開始を懇願し続けた。尊徳はここで争ってはならないと思い、やむを得ず命令に従って良法を開始した。領民は前年の餓死を免れ、今また尊徳が来て仁術を行うことを聞いて喜んだ。四方から人びとが集まり、その教えを聞き、あたかも父母のように尊徳を慕った。そして僅か一、二ヵ村を指導しただけで、多くの村も旧来の悪い風俗がぬぐわれた。

八．尊徳の桜町への引き揚げと小田原領民の仕法懇請

尊徳がひとたび小田原領内に仕法を開始するや、多くの村がたちまちその美風になびい

た。尊徳は分度確立の件をしばしば問い質したが、いつも、「国家の重大な体制であるから容易に決しかねる」という返答しかなかった。そこで尊徳は、郡奉行《こおり》（家老の下で郡の代官を統括し政治を行う）と鵜沢作右衛門に対して、

「国政の分度が定まらないうちは、仁政の根本がありません。仁の本を立てずに下民を恵もうとはかるのは、実は本当に民を哀れむ仁心がないからです。今、仁を唱えて、下民の困苦を除きこれを安んずる道を行うならば、百姓は本当に御領主が仁をお下しになるのだと思い、喜んで力を農事に尽くし、租税を余分に納めてその恩に報いようと努力します。しかしながら、この租税の増加を喜ぶだけで、取る一方でいれば、民力は尽きてたちまち困窮し、ついには流民となってしまうでしょう。してみれば、それは、民を恵み安んじようとするものではなく、重税搾取を行い、民の生息する所を失わせるだけの結果になるのです。

私は不肖の身ではありますが、先君の命を受けて十年以上にわたって行ってきた地域は、みな下民を安んじ、上下を永安ならしめ、君の心を安んじるためであって、そのためにこそ万苦を尽くして来たのです。今に及んで、仁政の根本が立たない所に仕法を下し、領民を苦しめて、暴税搾取《さくしゅ》の政治を助けるようなことがどうしてできましょうか。あなた方も

このままでは、結局は暴税搾取の臣という立場に陥るでしょう。これは忠臣たる者のなすべきところではありますまい。と言っても先君がすでに御在世でない今、私としてもどうすることもできない」

と言って、飄然《ひょうぜん》と一人で野州桜町に帰った（一八三八年九月）。二人は、驚いてこのことを家老に言い、尊徳の意見を陳述したが、藩はいたずらに評議するだけで、分度を決定しなかった。

農民、尊徳を追って桜町に行く

一八三八（天保九）年十二月、藩は郡奉行の兼務として報徳方《ほうとくがた》を置き、鵜沢作右衛門を任命した。翌年正月になって鵜沢は野州に来て、尊徳に会って言った。

「小田原に来て、諸村を再興して領民を安んぜよとの君命です。どうかすみやかに来てください。藩では、仕法を実施するには役所が必要と考え、新たに建築しました。この役所ならば数百人集会しても大丈夫です」

尊徳はむっとして尋ねた。

「仁政の本源である分度は、もう定まったのですか」

鵜沢はこれに対して、

「これは一朝一夕《いっちょういっせき》には決定できないのです。しかし仕法のために役所ができたのですから、順を追って分度も決まることでしょう」

と答えたので尊徳は、

「それは何ということです。国に分度がないときは、桶に底のないのと同様、たとえ百万の米や金があっても、ついに困窮することは必然です。本源を定めることができずに、無用の役所を建築して何の役に立ちますか。国に分度があってこれを守り、分外の財によって万民を恵みうるおす、この大本が立って復興の道筋が備わったならば、役所を建てるのもよいかもしれない。しかし、道が行われないならばそのようなものは不用であって、大間違いですぞ。私が小田原に行くことなど到底ありません」

と小田原行きを拒絶した。鵜沢は大いに驚き、数ヵ月桜町に滞在し、附近の仕法地を視察しながら、しきりに尊徳の小田原行きを求めてやまなかった。

一方、小田原の駿州・相州地方の領民は相談し合って、尊徳からの指導を受けるべく、一村ごとに丹誠を積み、衰貧の憂いを除き再復しようと志した。そして、衣類・家財を売り払い、縄を綯って、村再興の資金とし、互いに財を譲り、艱難を尽くし、他人の艱苦を救い善事を行うことを本意とした。こうして、村々の汚風は一変して、指導条件を整えた上で、尊徳に請うてきたのであった。

こうした状況を見て、やむを得ず尊徳は、

「農民がこのような立派な志を持っているのに、藩の基本が確立していないことを理由に彼らを見捨てたならば、また風俗は頽廃し、殿を怨む心が生じるのではないか。そうなったら藩はますます困難になるだろう。彼らの要請に応えるしかない」

と一八三九（天保十）年の冬、小田原に出向き、竹松村と曾比《そび》村の二つの村で良法を開始し、両村が抱えていた数千両の借財を返済した上、人びとの憂いを除き、安定の道が得られるように指導した。

尊徳のもとに教えを請い仕法を求めに来る民衆はますます増え、多い日には数百人に達した。尊徳は、先君の恩恵を強調しながら衰村再興の道を授けた。領内は互いに節倹・推譲を行ない、孝弟信義の道が行われ、小田原藩内で復興事業が行なわれた村は七十二ヵ村に達した。一八三九年からの三年間に尊徳は桜町と小田原の間を何度も往来し、小田原藩領内の復興事業は最盛期となった。

高慶が考えるに、賢臣は常に存在するが、名君は常に存在するとはかぎらない。大久保忠真公は慎み深く思いやりのある方で、人はみな近来まれな名君と称えた。

公は、尊徳先生を農民の中から抜擢し、まさに国政の重責を任せようとした。もしこの名君が長命を保つことが出来たならば、人々の受けた恩恵ははかり知れないものがあったにちがいない。残念ながらその仕事が半ばにも達しないうちに亡くなられた。

後世、先生の道に従って、この民を救済する名君が現れないとも限らない。すなわち一代で与える徳には限界があっても、後世の民は無限の恩恵を受けるだろう。永遠に消滅しないのは、ただ先生の道だけであると信じる。

《付　記》

○分度の決定が遅れた要因

小田原藩の分度が決定しなかったのは藩士にとって不利とみなされたからです。復興事業をやっている間は、年貢は低く設定されるので、農民にとっては減税になり利益となりますが、藩にとっては減収となります。桜町の復興事業が成功したことについても、それは藩士の犠牲の上に成果をあげただけだという桜町の藩士たちの不満が小田原へも届いていたのです。もちろん、復興がなされれば、武士たちの報酬も増えるのですが、既得権者はそこまで耐えられないのでしょう。

このため、仕法は藩が直接やるように変更したほうがよいとの反対論が出、さらに、農民たちの尊徳に対する評判が高まっている動きにも、藩では警戒していたようです。

九．三幣又左衛門、尊徳の教えに従わず罷免される

小田原藩の三幣《さんぺい》又左衛門は、勇敢で眼光は鋭く、すこぶる才知もあり能弁でもあった。

尊徳が桜町三ヵ村再興の命を受ける時に当たって、先君が、「誰をそちに協力させようか」と尋ねられた時、尊徳は、

「三幣は才知があり、また勇気もございます。かの地で艱苦を共にするのは三幣が望ましいです」

と答えた。そこで先君は三幣に対して、「二宮に協力して衰村を復興せよ」と命じた。

しかし、僅か二年で先君は配置換えをして用人職に命じた。三幣は江戸で桜町に関する事務の取り扱いをしていたが、我が志を得たと大いに喜んだ。

尊徳は桜町でこのことを聞いて、

「三幣とは『村が再興しここの民が安堵できるまでは、我々二人はたとえ君命があっても他の職をお受けせぬことにしよう』と誓って、この地の再興の仕法を始めたのではなかったか。しかるに主君は三幣に、桜町復興の事業を助力せよと命じたにもかかわらず、用人職として転任させたことは過ちというべきである。

また三幣も私に一言の相談もなしに新しい職分を喜び、承諾したのは何と誤ったことか。信義を捨てて目前の利益を求める三幣はおそらく有終の美を飾ることはできないであろう。これは決して三幣一人の不幸だけでなく、実に国家の憂いである」

と嘆いたのであった。

用人となった三幣は、主君の寵愛を得て権力を持ち、その名は他藩にも聞こえ、何事も意のままとした。同時に贅沢が激しくなり、人々からの贈物も多くなった。

また、小田原の家老服部十郎兵衛も権力を持っていた。しかし過失があって、服部を初めとして藩の改革に携わった者が退けられた。尊徳はこれを聞いて、

「服部は少しばかり私の説を聞いただけでまだ深い道理を知らないのに、勝手に自分の知恵として事件を起こした。彼は才能・力量ともに持ちながら、私の教えを用いないで、結局は無用の人となってしまった。実に嘆かわしいことだ。

まだ三幣が残っているが、彼は私との約束を破って栄誉と利益を喜びとしている。彼も捨てられる時期が来たようだが、三幣も追放させられては、国家永安の道を開き、君意を安んじうる者は誰もいなくなってしまう。だから主君のために三幣を救わなければならないが、信義の道が立たぬ彼のことだからおそらく私の忠告を聞くまい。しかし、それはそれで仕方がない」

と思いながら、江戸に行って三幣に、

「あなたは今、権威がありますが、それは危ういものです。なぜならば、先年共に政治改革をした人びとは、服部を初めとして全て罷免《ひめん》されています。あなただけが逃れられるはずはありません。もともとあなたは、君命があっても転勤昇進はしないと約束したのに、現在の職にのぼりました。それでも、その職務に当たって一身をなげうって忠を尽し、一藩に先立って艱苦をなめ、力を尽くしたならば、藩からもその徳を慕われたことでしょう。しかるにあなたは、知らず知らずのうちに奢侈に流れ、栄誉利益を喜び、功をむさぼり、名を求めることに向かいました。このままでは今の職に残ることは無理です。早く反省して贈物を謝絶し、これまでの過ちを言上して、主君に退職を請うべきです。そうすれば、上下の藩臣も騒ぐことはないでしょう。ぐずぐずしていると罷免は必ず近いうちに来ますよ。私がこういうことを述べるのは、あなたと親しいからではなく、実に国家のためにやむを得ないからなのです」

と理を尽くして話した。

しかし三幣は、

「主君が拙者に退職を命ぜられたならば、もとより退職すべきであるが、主君が一日でもお用いになる以上は、臣下から退職を請うのは私の本意ではない。拙者には辞職する気持はない」

と尊徳の教えに従わなかった。尊徳はこれでは救うことも出来ないと思い、

「いやはや、これも時勢というものでしょうか。あなたは私の忠告を拒まれました。これ以上話しても無駄でしょう。あなたが後悔されるだけのことです」

と言って、筆をとって一首の歌を書き辞去した。その歌は、

こがらしに吹き残されし柏葉《かしわば》の春の雨夜をいかに凌《しの》がん

というものであった。三幣はこれを見てもなお反省しなかった。

数日後、主君は三幣を退職させ、小田原に帰ることを命じた。尊徳はこれを聞いて再び三幣を訪れた。三幣は、

「拙者はこのような事態にはなるまいと思っていたのに、貴殿の言葉通り罷免せられてしまった。今後どうしたらよろしいか」

尊徳は言った。

「過ぎたことは言っても仕方がありませんが、将来についてはなお対処する道がまだあります。もう一度忠告しましょう。一体あなたは、自分のために職を勤めたのですか、主君のために勤めたのですか。もとより臣下の道としては、一身を捨てて君に忠義を尽くそうとするのが常道です。また、あなたは一身に過ちがあって退けられたとお思いですか、退けた者の過ちだとお思いですか」

三幣は、

「拙者は自分の利益のために働いたのではなく主君のためである。しかしこのようなことになったのは全て拙者の過ちであって、忠勤が足りなかったためです。誰も恨みようがない。また過ちを詫びようとしてもその方法がないし、今更詫びてもどうしようもない」

と言ったので、尊徳は、

「そうです、あなたの過ちです。過ちを悟ったならば、どうしてその過ちをすぐに詫びないのですか。言葉ではなく、行いで詫びるのです。その方法というのは、あなたが決断をもって、奢りを改め、衣服器財から金銀に至るまで、全てを残らず差し出して藩の貧者に贈り、奉公の費用にあてさせるのです。

そして『各位は忠勤を尽くされよ。決して拙者のように不忠になってはなりませんぞ』との一言を残して、何も持たず、一人の召使も連れずに小田原に帰って、縁者の助力を得て艱難を尽くすのです。一身の艱苦がまだまだ足らないとの気持で努力していれば、主君や人びとはきっとこれを哀れまれ、褒め称えるでしょう。あなたが本当に過ちを知り、詫びようと思われるならば、この行いを実行しなさい」

と戒めた。これに対して三幣は、

「その決断は簡単なことではない。落ち着いてよく考えてから決めよう」

と言ったので、尊徳は

「何度、至誠の道を説いても行うことが出来ないのでは仕方がありません」

と説得をあきらめて立ち去った。三幣は結局、尊徳の教えを実行せず、忠告に反し、家財や衣類を全て小田原に持ち帰った。その後生計の道を誤り、借財のためにこれらの物をも失って極貧に陥り、空しく歳月を送ったのだった。尊徳は終身このことを嘆いたという。

十．小田原の仕法、破棄される

一八四二（天保十三）年、尊徳は幕府の命によって御普請《ごふしん》役格（建築・土木の工事担当の高い役職）に召し抱えられた。小田原藩の家老が尊徳にこの命を伝えた。尊徳はこれに対して、

「私は先君より、下野三ヵ村の廃村を復興せよとの御命令を受け、まだ完全に成功を収めるに至っておりません。また小田原の民を救済することも命ぜられておりますが、これもまだ事業半ばです。今これを中止してしまったら、数万の農民の生活が失われ、またまた衰退に向かうことは間違いありません。ですから、御命令は固く辞退いたします。どちらの農民も安定した生活を営むことが出来るようになったならば、この御命令をお受けいたしましょう」

と答えた。家老は、

「そなたの先君への忠誠心はもっともであるが、幕府から命令があればこれが公事であり、小田原藩のことは私事となる。私事を理由に公事を断れば、殿が公儀に対して忠義を欠い

たことになる。殿のためにも命令を受けてほしい。そなたが心配している小田原藩の復興事業は、そなたが幕府の勤務の合間にやるということであれば、幕府も認めてくれるであろう。小田原藩のことは心配しなくてもいい」

と言った。そして、幕府から「小田原や桜町の復興事業は、幕府の任務に差し支えない範囲でならやってもよい」との承諾を得た。そこで尊徳は仕方なく幕府の命令に従った。

一八四二（天保十三）年の冬、尊徳は幕府の命により下総国《しもうさ》（千葉県）印旛《いんば》沼の実地調査に出向いていた。このとき小田原藩は、江戸在住の家老などを配置換えし小田原に帰国させた。そして四年後の一八四六（弘化三）年になると、仕法を廃止して尊徳の事業は不用なものと破棄した。さらに農民に対して桜町にいる尊徳との往来も禁止した。

尊徳は、

「ああ、私の事業もこれで終わってしまった。忠真公は小田原の復興仕法を私に任せてくれたが、家老たちがまだ幼い殿を利用してこの大事な事業を廃止してしまったのだ。残念だが、時の勢いは如何ともしがたい。『論語』に『君子は天をも恨みず人をも尤めず』という言葉があるように、私は誰も恨まない。全て私のまごころの不足から出たのである。それゆえ、私の仕法を行う原点である小田原藩がこの仕法を廃止してしまったのに、他藩にこの仕法を続けさせることは出来ない。すぐに諸藩で行なっている仕法も取り止めて、小田原藩を安心させることにしよう。これが亡き殿にお応えする道である」

と決意し、諸藩に仕法を取り止めるように通報した。これに対して諸藩では、

「尊徳先生の国を復興し、民を安んずる道は天下の良法であるのに、それを棄て去るとは小田原藩の大きな過ちと言うべきである。我が藩では百年の荒廃を復興させ、民を安んじ、藩の永続安泰の道を開こうと思っている。小田原藩の大きな過ちを見習うことはしない」

と小田原藩の取り止めを残念がった。尊徳の一生のうちでこのときほど苦しみ悩んだことはなかった。忠真公の墓の前でひざまずき涙を流した。従う者も皆、涙を流した。その後も尊徳は生涯にわたって、忠真公の仁政をひろく充実させることが出来ないことを悲しみ、小田原藩に再び民を安んずる道が開けることを祈ったという。

高慶が考えるに、昔、孔子・孟子は民が虐政《ぎゃくせい》に苦しんでいるのを哀れに思い、これを安《あん》寧《ねい》（穏やかで平和）の境遇に至らせようとして、天下を周遊して王道を説いた。およそ国を治め民を安んずるのは人君の職務である。その職にあって、その道を求めることぐらい重要なものがあろうか。しかるにひとたびその言葉を聞いても、皆、荘然として耳の不自由な人のごとく、目の不自由な人のごとく、これを用いようとする者がなかったのである。

尊徳先生においても、あれほどの至誠、あれほど顕著な功績がありながら、いったん小田原公が逝去せられては、その遺言もたちまちにして廃棄されてしまった。実に道の行われがたいことは今も昔も同じであって、聖賢もまたどうしようもなかったのである。

しかしながら、先生の教えに至っては、たとえ当世に施すことができぬとしても、後世に垂れ残すことますます明らかなものがある。決して、一時の隠顕《いんけん》によって先生の価値を上下することはできないのである。

《付　記》

○幕府の任用と小田原藩の追放

一八四一（天保十二）年に水野忠邦の天保改革が始まり、人材抜擢も行われた。総州（千葉県）の代官の篠田藤四郎は、水野が構想した利根川分水路を実現するため、土木技術者として尊徳を抜擢したのです。

また、小田原藩の追放については、尊徳が一八四六（弘化三）年、仕法雛形の完成が近づいたので、小田原領で実施すべく藩と交渉していた最中、七月十六日の書状によって「今般報徳の儀、御故障これあり候につき、畳《たた》み（閉じて引き払う）にいたし候」旨が通達され、尊徳から借りている五千両の報徳金も返却すると申し出されました。
こうして小田原の仕法は廃止され、領民の尊徳との往来は厳禁せられ、尊徳は一八五二（嘉永五）年まで墓参さえも許されませんでした。

コラム

○『報徳訓』

一八三一（天保二）年の正月、大久保忠真公が日光東照宮に参詣し、その帰りに桜町の近くの結城《ゆうき》に宿をとり、その時、尊徳は忠真公に会っています。忠真公は「そちのやり方は『論語』にある『徳を以て徳に報いる』という、あれだな」と言われたと伝えられています。

尊徳は『三才報徳金毛録』を一八三四年（天保五年、四十八歳）に著述していますが、そこに『報徳訓』が書かれています。尊徳は物や人に備わる良さ、取り柄、持ち味のことを「徳」と名づけ、それを活かして社会に役立てていくことを「報徳」と呼びました。荒地には荒地なりの徳があり、荒地の徳を人間の徳が活かすことによって、実り豊かな田畑に変えていくことができるというのです。なお、「三才」とは天・地・人の三つの働きです。

(一) 人間界の父母の根源は、天地が命ずるところに基づいている。自分の存在の全ては、父母の養育に基づいている。子孫がよく似るのは、夫婦の結合に基づいている。

(二) 家運の繁栄は、祖先の勤勉の功に基づいている。自分の身の富貴は、父母のかくれた善行に基づいている。子孫の豊饒は、自分の勤労に基づいている。

(三) 身体の長命は、衣・食・住の三つに基づいている。衣・食・住の三つは、田畑・果樹の栽培に基づいている。田畑・果樹の栽培は、人びとの労力に基づいている。

(四) 今年の衣食は、昨年の生産に基づいている。来年の衣食は、今年の艱難辛苦に基づいている。だから年々歳々《ねんねんさいさい》、決して報徳を忘れてはならない。

巻の六

一・下館藩主、尊徳に復興の良法を依頼

常州（茨城県）の下館藩（藩主石川近江守）は、河内の国（大阪府）の七千石とを合わせて二万石を領していた。下館藩は天明の大飢饉以来、離村が続き人口が大幅に減って年貢米も減少していた。困窮は著しく、家中の人びとの扶持にもこと欠くありさまだった。負債は三万両余りに達し、一年の租税ではその利息を支払うことも出来なかった。

藩では、尊徳が指導した桜町三ヵ村復興の成功を知り、郡奉行の衣笠《きぬがさ》兵太夫に命じて復興方策を依頼させた。衣笠は、君命を携えて桜町を訪れ何度も尊徳にお目にかかりたいと懇願したが、忙しいと断られた。

下館に帰ってから藩主に、

「賢人に会いたいと思っても、簡単に会うことが出来ないのが古今の常です。殿の御命令で桜町にまいりましたけれども、暇がないと会っていただけません。殿が敬意を表し信義を通じなければ会うことは無理のようです」

と申し上げると、藩主は、

「そなたの申すとおりだ。これは私の誠意が足らないとみられているのだ。何度でも出かけて信義を通じてほしい」

と言った。そこで衣笠がたびたび桜町に出向き懇願したので、尊徳はやむを得ず面会した。衣笠が、

「主家は年々困窮して、借財は数万両におよび元金・利息とも返済する方法がありません。殿は先生の高徳・仁術の良法を聞いて非常に喜ばれ、指導を受けてこの艱難を除き、忠孝の道を尽くそうと願い、先生に依頼するよう命ぜられました。下館藩の困窮を哀れんで、復興・安定した生活が出来る良法をお授けくださり、我が殿の心を安心させてくださるよう御願い申しあげます」

と要請したところ、尊徳は言った。

「私は桜町の三ヵ村の農民を育成することさえ力不足で、我が小田原の殿の御命令をはず

かしめるのではないかと心配している程です。そんな状況で他藩の委託を受ける余力などありません。先君の忠真公が小田原領を復興する方法を尋ねられました時に私はこう申し上げたのです。

『小田原藩の情勢は秋に当たっております。そもそも秋はあらゆる穀物が皆実って、一年中で最も豊かな時です。小田原藩は旧来の艱難から少しばかり免れて、領民の苦労を知りません。年貢を増やして、目前の快楽を好み、藩の根本を薄くし、末葉を厚くすることを主にしています。これは病人にたとえると、逆上《ぎゃくじょう》の病《やまい》です。つまり、身体中の精気が頭に上って下の両足は冷え、血液は循環せず、ついに重病となってしまうことです。これを治すためには、頭に上ってしまった精気をおろし、両足を暖め血液を身体中に循環させることが必要です。

そもそも治国平天下の道とは、上の者には損をさせても、下の者には大きな仁恵を施し農民を豊かにすることです。こうすれば逆上の病の心配は去り、国の基礎は固まり、上下とも安泰となるのです。しかし小田原の家中の方々には、自らが艱難に甘んずる気持は少しもみられませんでした。こうした状況下では復興は出来ません。もっと厳しくなれば、実施する時があるかもしれません。何事も実施するにはその時機が大事なのです』と。

今、下館藩は天下の大名として二万石を領しているのに、貧困の極みに至っているとすれば、身分の低い者は誰一人として生活していくことは出来ないことになります。大名でありながらこのような事態になってしまったのは、百姓が粒々辛苦《りゅうりゅうしんく》（米を作る農民の一粒一粒にかける苦労が厳しいこと）して作った米穀を、藩の方々が自らの贅沢に使ってしまったためです。これは領民の父母としての道を忘れたからではありませんか。その原因を反省もせずに、金を借りては不足を補おうとされたからです。藩の基本を明確にして、仁政を行わなければ、国を再建し永続安泰の地とすることは到底無理でしょう」

衣笠は尊徳の持論を詳しく聞いて、

「先生のお話はよくわかりました。その時機が到来しなければ聖人といえども、どうすることも出来ないのだと知りました。今、下館の時候をたとえるなら厳寒と言えます。衰廃が極限に達しており、人の力の及ぶところではないのでしょう」

と指導を諦め辞去しようとしたので、尊徳は、

「そうではない。下館藩はすでに厳寒の時期に来ている。このような時こそ、春を迎える仕法を実施するにふさわしい時期が到来したのではないですか。万物はひとつとして同じところにとどまってはいない。四季が循環するようなものです。人の場合も同じで、富ん

でいる時は奢り、奢っていると貧困に向かっているのです。だから貧困が極限に達した時は、富みに向かうのは自然の道ではありませんか。今、下館藩は貧困が極限に達しているとしたら、君臣ともに精力をかたむけて誠意を尽くし努力すれば、復興を成功させることは不可能ではありません」

と諭した。衣笠は感激して下館に帰り、尊徳の言葉を主君に報告した。藩主は深く感心され、群臣に尊徳の言葉を告げた。群臣もまたその的確な言葉に感服した。これが下館仕法の始めである。

二・下館藩困窮の原因を論ずる

藩主は家老の上牧《かみまき》甚五太夫に尊徳への仕法依頼を命じ、衣笠が同行した。尊徳は、「私は小田原藩の下級の家臣ですから、他藩の政治向きに関係することが出来ません。もともと、私は先君忠真公の御命令によって、この桜町の復興に力を尽くしているのです。ですから復興方策は、私のものではなく小田原藩のものです。先君はすでに世を去られましたが、下館の殿様が藩を立て直されたいなら、その趣旨を今の殿様へ相談してください」

と言った。そこで藩主は使者を派遣し、小田原藩主へ懇願した。小田原の藩主は家臣を通して、

「分家の宇津家の復興を二宮に任じ、また小田原領内のことも命じている。そのうえ他藩の委託を受けよとは命じがたい。尊徳にもし余力があって、その委託に応ずるならば当方の喜びである」

と答えた。使者はそれを下館の藩主に報告した。そして再び上牧・衣笠に命じて尊徳に依頼した。しかし尊徳はその願いを聞いて、

「お話によると、まだ農民の生活を度外視して、もっぱら主君も臣下も目前の苦労を免れるために、その方法を私に尋ねておられるようです。これでは承知出来るはずはありません」

と厳しく対応した。そこで上牧と衣笠は、

「農民を保護・育成し、彼らの生活を安定させたいのはもとより君臣一同の願いです。しかし現在、租税の半分以上は借金の利息支払いに消え、藩士を扶持することも出来ません。そんな状態でどうして農民に恵むことが出来ましょうか。借金を減らす方策が立てば、農

民に恵むことも出来るようになります。どうかまずこの差し迫った難儀を取り除く方法をお教えください」

と弁明した。これに対して尊徳は、

「ああ、皆さん方は考えちがいをしておられます。今なお、国の本である民の苦しみを後にして、末端の心配を取り除くことを先にしようとなさっている。それは本末転倒というものです。これでは藩政を立て直したいと望んでも無理です。

けれども君臣の憂いが借財に集中し、困窮が迫っていては国家の本源を論ずる余裕がないのも無理からぬことです。そもそも下館藩の借財・衰退は、藩の分度が明確でないために生じたものです。分度を明らかにし、出費をおさえるときに藩政の基本が初めて明らかになるのです。その後、弁済する方法を考えるべきです。分度については後ほどお教えしますから、まずは筆算に堪能な家臣を当地に寄こしなさい」

と指示した。両人は感謝し、藩士数十人を桜町に派遣して調べさせたかったが、その藩士にあてるべき米がなく、藩がまさに飢渇に及ぼうとしていることを話した。尊徳は大きなため息をついて哀れみ、米穀を下館に送って急場を補ってやるとともに、数ヵ月間、昼夜を問わず全力をあげて分度と借財の調査を完了した。

三．下館藩家老上牧を諭す

ある時、尊徳は家老の上牧に対して、次のように諭した。

「今あなたのお国は衰貧しており、禄高は二万石と言っても実際はその三分の二しかありません。ですから藩士の恩禄（主君から受ける禄）もこれに応じて減らすべきです。これが衰時の天分であって、禄高に限りがあるのだから仕方がありません。衰貧の時に当たって、いわゆる『艱難に素《そ》して艱難に行う』ことが臣下の道ではありませんか。にもかかわらず藩の人々は、自分の俸禄の不足を嘆き、不平不満ばかり述べているとは浅ましくはありませんか。

国の政治を行う者は、その貧に耐えてもっぱら国家に忠義を尽くすことが最も重要なことです。家老などの重役たちがこのことをわきまえずして、どうして皆のものを説得できましょうか。小禄の臣下たちは『禄高は減らすが、困難を乗り越え忠義を励めとは何事だ。我々の十倍も俸給を受けている御家老や上役連中の任務は、衰えた国を盛んにすることではないか。それが出来ないならば、どうしてすみやかに退職しないのか』と非難するでしょう。これが不平不満のやまない理由です。

この不満を解消する方法は一つしかありません。それは、あなたの恩禄を辞退し、次のようにおっしゃることです。それは『藩の艱難が大きい責任は、皆自分の罪である。今、二宮の力を借りて衰国を再興しようとするにあたり、まず私の恩禄を辞退して、少しでも国費の一端を補い、無給の身で心力を尽くすことが私の本懐である』と。

このような趣旨を主君に言上し、藩の者にも告げて、国家のために万苦を尽くすのです。そうすれば藩の者たちは、たとえ禄高の十分の一しか受けなかったとしても、御家老に比べれば過ぎたものではないかと思い、不平不満が氷解し、婦女子に至るまで不足の苦情がなくなるでしょう。これが家老たる者が国家のために行う道なのです。もしこの道を行わずに、高禄を受けたままで人を説き伏せようとしたならば、不平不満はますます勢いを増し、国家の禍はますます深くなるでしょう」

上牧はこの言葉に、

「わかりました。お教えをただちに実行します」

と言って下館に帰り、恩禄三百石を辞退した。家臣大島と足軽の小島もこれに同調して共に恩禄を辞退し、無給で奉仕することにした。尊徳はこれを聞いて喜び、上牧・大島・

小島三人の一家扶助の米を桜町から送って、その艱苦を補ってやったという。

高慶が考えるに、国家の憂いを憂いとして一己の私事を憂いとせず、日夜身を捧げて国事に任ずるのが人臣の常道ではないか。いやしくも俸禄や栄誉利益を心として、おもねりへつらい、うわべだけ人に従うような者とは、到底共に君に仕えることはできない。尊徳先生は言われた。「君に仕えて心が利禄から離れない者は、たとえば商人が物を売り、値《ね》を争うようなものである。君子は決してこのようにして君に仕えるものではない」と。先生がひとたび臣たるの道を教えられて、下館の家臣は多きをむさぼり不足を憂える心がやみ、忠義の心が油然《ゆうぜん》（盛んに沸き起こる）として生じた。徳の推し及ぶことは、何とすみやかなものであろう。

四．下館藩の分度を定める

借財は敵に領土を奪われるのと同じ

下館藩の過去十年の租税を調べると、三万両以上の借金に対して毎年二千両以上の利子支払いのため、租税の半分以上を費やしていた。尊徳は家老たちに、

「毎年、借金の利子返済のために、元金は少しも減っていない。それればかりでなく、なお借金でこれを補おうとしている。このようなことを続けていれば、最後には国の租税全部を借金の利子にあてても足りなくなるでしょう。

この大きな憂いを取り除くには、ただ上下とも艱難を常とし艱難に甘んじて、出費を節約し、この心配を消滅させることだけである。それを座ったままで、艱難を免れようと私に懇願しても、私には他領の年貢を取って下館藩の不足を補うことはできないし、また借財を踏み倒して下館藩の心配を取り除くこともできない。だから皆さんが節倹を行い、上下一致の丹誠によって、あらゆる心配をなくす以外に方法はないのです。

たとえば、もし敵国が下館領を攻撃してきた場合を考えて下さい。敵国が来ても下館藩ではこれを傍観して、国の滅亡を待つでしょうか。それとも一身をなげうって戦い、国を守ろうとするでしょうか。国が危うい時に、国のために命を棄てることは、もとより臣下の常に守らねばならぬ道であって、誰しも戦闘に力を尽くさない者はないはずである。

ところで今、借財のために多くの租税を失い、主君はこのため心を安んじることができず、臣下もまたひどく困窮している。これは、敵のために領土を奪い取られたのと少しも変わらない。このような危機の時に、藩士一同が身命をかえりみず、国の復興に全精力をかたむけることは臣下の当然の道でしょう。しかも借金の返済は、戦争で身を粉にして戦うことに比べれば、たやすいことは言うまでもない。殿様も藩政の不安を増してまで、藩士の扶持を維持しようとなさるのは間違いです。たとえ殿様が間違っても、藩士がこれを受ける道理はないのではないでしょうか。今、国の憂いをなくす道はこのほかにはない。分度によって主君の経費、藩士の扶持を制限し、艱難をこらえて毎年の利息を支払うことである。そうすれば、三万両の借財は減ることが出来なくても、毎年借金が増大していく禍いからは免れるでしょう」

と教え諭した。

負債消却の具体的方策

家老たちは納得して下館に帰り、主君と藩士たちに説明して減額した予算を立てた。分度が制定された後、家老たちは再び桜町に来て報告すると尊徳は、

「これで下館藩復興の基本が定まった。今度は借金返済の具体的な方策を考えましょう」

と、書き上げた数巻の計画書を示しながら説明した。

「元金三万両を減少させる方法だが、まず来年の正月と二月の藩費の米と金は私が提供し

ましょう。後は、下館の豪商と思いやりがある御本家の石川公（伊勢亀山、三重県）の援助でまかなっていただく。下館藩が復興すれば、御本家と豪商への返済は難しくはありません。このようにして、今年の下館領の租税だけで借金を返済すれば、元金が減り、利子返済のための金が残ることになる。その残った金で、元金を返済していけば、三万両の借金を返済することは出来るのです」

家老たちは感嘆し、喜んでこの方策を本家に申し上げた。本家は尊徳の誠意を感じて四ヵ月分の経費をくださった。

他方、尊徳は下館藩に金を貸している八人の豪商を呼んで、藩政を立て直す方法、永続安泰の道を得る道理、返済の手段を詳しく説明した。

豪商たちは大いに感激して言った。

「殿の御命令とあれば、私どもの財産をことごとく差し出すことも、承知しないわけにはまいりませんでした。それにもかかわらず、ただいま、先生は下館藩に縁もゆかりもないのに、下館藩を復興させるためにあらゆる苦労を尽くすばかりか、多くの米・金を贈っておられます。その御恩にどのように感謝してよいかわかりません。私どもからの御用立てはもとより願うところです」

ここにおいて負債を先に返済して、巨額な元金が減少した。これが三万両余の負債を返済した経緯である。

五．下館領内に復興安民の仕法を実施

一八五二（嘉永五）年正月、尊徳は衣笠に言った。

「だいたい国が衰弱する原因は、藩政の基本となる分度が明らかでないためである。豊かな時代に戻したいと望むならば、農民の難儀を救い安心して生活が出来るようにすることを何よりも最優先とすべきである。

これは植物を繁らせることと同じである。木を生長させるには、まず根もとを良く育てることだ。そうすれば、花は美しく咲き、実は豊かになる。下館藩復興の方法も、まず仁政を広く行って根もとである農民の貧苦をなくし、藩の基礎が固まった段階で初めて藩士の窮乏を取り除くべきである。

しかし下館藩では、仕法を依頼されたときは、前後が逆になって一時の窮乏を補うばかりで、貧民である根もとを育てる方法がまだ実行されていない。それゆえ早急に領内の

村々を復興させるための農民の保護・育成策を実施することが大事なのだ」

衣笠はこの言葉を藩主に言上した上、藩士たちにも通達し、仕法の開始を尊徳に懇願した。尊徳はその願いを受け、弟子の富田高慶に指示して領内の三ヵ村を選んで仕法を行った。ここにおいて三ヵ村の農民は善行を積み、周辺の村だけでなく、遠くの村も感化され尊徳の仕法を敬い慕った。

高慶が考えるに、尊徳先生の至誠の道はなんと偉大なことだろう。先生は下館藩のために誠意を尽くし、分度を制定し、百年越しの艱難を払拭《ふっしょく》し、危機に瀕した民百姓を救った。永続安泰の道は火を見るよりも明らかである。下館藩君臣をして一致協力して謹んで先生の仕法を守らせ、分度を確立させた。このうえは、国の興隆はこの分度を維持していればよかった。しかし、残念にもひとたびその仕法を廃止するや、あれこれつまらぬところに力を尽くしたがなんの利益もなかった。

四季は変わらず巡り、常に万物が息づいているのは至誠ゆえである。どうして頽廃《たいはい》を興そうと欲した時に至誠の道によらないでそれがなしえようか。

六．相馬中村藩の盛衰の概略

陸奥国相馬中村藩（福島県）の禄高は六万石で、領主の相馬家は古い家系である。村の数は二百二十六村で、元禄の頃までは人口が増加して土地の開墾が進み豊かであった。藩は繁栄維持のために検地をやり直すと、新たに三万八千石の田畑が増えた。名目六万石だが、実質は九万八千石だったのである。そこで、九万八千石を基準に年貢を徴収したため、藩の財政はますます豊かになり藩士の俸禄もそれに応じて増加した。

両家老の忠誠

さて、古来、国の衰亡の原因は重税である。他方、国が栄えたのは農民の生活が安定し、多くの収穫をあげたからである。しかし相馬藩では年貢が増加し、贅沢が横行した一方、重税のため農民は離村が増加し次第に藩は衰弱していった。そのうえ天明四、七（一七八四、一七八七）年に大飢饉に見舞われたため、農民の飢渇・死亡・離散は膨大な数に達し、田畑は荒廃し、年貢の収納は三分の一に減って困窮は空前の惨状となった。

相馬の家臣たちは大きな危機感を持ち、米や金を隣国の豪商、江戸の富豪から借りて、目前の不足を補った。このため、文化年間（一八〇四～一八一七年）には借財は三十万両を超過し、一年の租税ではその利息を払うこともできなかった。

藩主の相馬益胤《ますたね》はこうした事態を憂え、藩復興の方策を家臣に命令した。ここにおいて郡代の草野正辰《まさとき》と池田胤直《たねなお》の二人は、

「我が藩が衰廃した原因は、贅沢が横行したからです。藩の安泰を築くためには殿自らが節倹を行い、万民に先立って艱難に堪える以外に方法はありません。まず殿が率先して実行しなければ、農民は従わないでしょう」

と進言した。藩主は、

「まことにその通りでである。余も艱難に耐えるから、そちたち二人が中心となり藩政改革を実行してほしい。もし従わない者があれば私が厳しく処置しよう」

と決意を述べた。そして郡代であった草野と池田の二人を、それぞれ江戸家老と国家老に抜擢して改革に当たらせた。二人は扶持米を減らすなど財政支出を削減した。家臣の中には反感を持つものもいたが改革を断行した。

並々ならぬ艱苦を尽くすこと二十年、恩恵の効果は現れたものの、長年の疲弊によって、

以前の状態に戻ることは出来なかった。こうした状態のもとで発生した天保四（一八三三）年と七（一八三六）年の大飢饉は、天明の飢饉と同様に、領民は食物を得るすべもなく、飢渇に迫り、高山に登って木の実を拾い、草の根を掘って食するほどであった。

藩では、天保四年の飢饉にあたっては、先の困難な改革から積み立てた蓄えによって、一人の民も飢渇に苦しませなかった。しかし、七年に再び大飢饉が到来すると誰が考えようか。この飢饉にあたっては、もはや米穀の欠乏をどうすることもできなかった。

藩主も飲食を節制し、資産や領内の良材を伐って売り払い、それで他国の米を買って急場をしのいだ。隣国遠国ともに流民・餓死者が数えきれぬくらいであったのに、相馬の領民だけがこの大患を免れたのは、仁術の至りと言わずにいられようか。

しかしながら、両年の飢饉のために積年の功が空しく消えて、再び艱難の地に追いこまれたのだった。このため一段と節倹を行い、領中再盛の施政を怠らなかったが、その成果はなかなか現れて来なかった。草野家老はすでに七十の齢を越え、池田家老も五十歳を越えて、一代の力で改革が実を結ぶことができないことを心痛していた。

このように君臣共に領民を恵み哀れむまごころを、天も哀れまれたのであろうか、一八三九（天保十）年に至り、尊徳が撫育勧農の良法を行い、不世出《ふせいしゅつ》（めったに世にあらわれないほど優れていること）の才徳をもって衰廃再興の道に尽くしていることを、両家老に告げる者（この年九月入門を許された高慶）があった。両家老はこれを聞いて感嘆し、
「我々は二十年以上の間、万苦を尽くしながら、事業は半ばにも至っていない。しかるに尊徳先生は主君から委任された土地を興して大いに仁政を布き、その恵みは他領遠近に及んでいるという。真に大徳の賢者でなければどうしてそのような大業が成し遂げられよう。この人の指導に従って国家再興の道を求めたならば、旧来の志願も成就するに相違ない」
と大きな期待を持って主君にこのことを報告した。主君はこれを聞いて喜び、尊徳からその良法を得る道を両家老に命ぜられた。

高慶が考えるに、『大学』に「聚斂《しゅうれん》の臣あらんよりは、むしろ盗臣あれ」（過重な税を取り立てて民心を失う臣より、公《おおやけ》の財貨を盗んで私腹を肥やす臣のほうがまだましである）と言っている。実に国家の禍いとして聚斂に過ぎるものがあろうか。けだし盗みというものは倉庫の中の財貨を盗むにすぎず、被害は決して遠くに及ばない。聚斂に至ってはそうではなく、領民の受ける禍いは、次第に広く遠くに及んでゆき、国の乱離敗亡もこれに伴って起こるのである。

はじめ聚斂に努めていっとき租税を増すことができると、人は皆、国の利益になったと

思う。あにはからんやその国に有利と思った事柄が、実に数百年の衰退の基なのである。ゆえに孔子は、用を節して人を愛することを教えた。およそ国費を節約すれば奢侈の憂いがなく、人を愛すれば国は必ず安らかとなり、民は必ず豊かとなる。政治を行う者はよくこのことを鑑《かんが》みないでよいものであろうか。

《付　記》

○富田高慶

富田高慶は尊徳より二十七歳年下、相馬藩の財政危機を救う志を持って江戸に行ったが、尊徳のことを聞き、桜町陣屋に尊徳を訪れて入門を願ったのです。しかし尊徳は、

「儒者や学者は、学んだ学問によって身を修め、国を治めることを教えればよいのである。自分は忙しいのだ。学者はとかく理屈が多い。私はそんな理屈屋につきあっている暇はない」

と、会ってもらえませんでした。高慶が辛抱強く学習塾を開きながら待っていた熱意によって、入門を許されたのです。三十八歳のとき尊徳の長女文子と結婚し、嫡子の弥太郎（尊行）を助けて、日光仕法を推し進めました。

七．相馬の使者一条、君命を奉じて桜町に至る

相馬藩は一八四一（天保十二）年十月に、尊徳のところに家臣の高慶を通して郡代の一条七郎右衛門を派遣し、復興事業を依頼するとともに藩主からの贈物を差し出した。しかし尊徳は、多忙で会う暇はないと贈物も受け取らなかった。

一条は困って高慶に、

「拙者は君命を受けてはるばるここに来て、国の衰退を除く方法を尋ねようとしているが、先生はこれを許されない。もしこのまま帰国したならば、拙者の不肖のため主君並びに家老の意思を通ずることができない。これは君命をはずかしめるようなものである。しかし一方、先生の日夜の事業を我が国の事柄で妨げることも、無遠慮なように思われる。それゆえ、どうか一目だけ面会を許していただければ、すぐに国に帰るとお願いしてほしい」

と言った。高慶がこの言葉を尊徳に告げたところ、尊徳は次のように答えた。

「私は主君の命令を受けてこの地の民を安撫するだけが仕事で、相馬の領土の事に関知するいわれはない。たとえ幾度面会を求めても、私は会うべき理由がないから決して会わな

い。しかしながら、相馬は君臣ともに国家の衰退を憂い、艱難を尽くして百姓を恵むこと、長きに及んでいると聞いている。今しきりにその道を尋ねるからには何も答えないということは出来ない。今それを示すから、そなたがこれを一条に伝えるがよい。

（概略）そもそも藩の復興の基本は同じである。その基本とは、藩の分度を決定し、その分度を基準に藩全体の復興計画を立て、仁による政治を行うことだ。分度の確立が仕法の基本だから、分度が確立していなければ、求めに応じることは出来ない」

高慶は尊徳のこの教えを一条に話した。一条はこれを聞いて、

「先生の深慮は感ずるに余りがある。では、すみやかに帰国してこの教えを伝えよう」

と国に帰った。これが相馬領中再興仕法の始めである。後日、高慶が尊徳に尋ねた。

「相馬は六十里の道を隔てて、はるかに先生の徳を慕い、良法を求めに来たのです。しかるに一度も面会も許されなかったのはどうしてですか」

これに対して尊徳は、

「これはそなたにはわかるまい。相馬の君臣は民を恵み国を興すことに心を尽くしているが、我が道を開くにはまだ早い。今、一条を来させたのは可否を試みようとするだけであって、まだその決意が本物でないようだ。本当にやる気があるのなら藩主が教えを聞きに

来るべきである。それが無理なら、家老が来て教えを願うはずである。それなのに格下の郡代を来させたのはまだ時機が至らないからだ。もし私の一言を聞いて国の分度を立てようと望むならば、そうした対応をした時が復興の時機なのであって、それは今ではない」

と言った。その後数ヵ月たっても依頼に来なかったので高慶は尊徳の考え方を理解した。

八．草野正辰、尊徳に政治の要を問う

その翌年の一八四二（天保十三）年、尊徳は幕臣に登用され、江戸の宇津邸内に仮住まいしていた。相馬藩江戸在住の草野家老はこのことを聞き、

「自分は二宮先生にお目にかかって道を尋ねたいと久しく念願していたが、遠路を隔てている上に主君の用務が多く、野州に行くことができないでいた。今、先生が江戸におられることは、お会いするのに絶好の機会と言わねばならぬ」

と人を遣わして面会を願わせた。しかし尊徳は暇がないと断った。家老は何度も求めてやまなかった。

尊徳はもとより草野家老の人徳と誠実な行いを聞いており、すこぶるその人となりを嘆

賞していたので、ついに面会がかなえられた。草野は尊徳に向かって、

「私は以前から二宮先生のご高名を承って、御教授を受けたいと思っておりましたが、今日はお会いくださいまして、これ以上の幸せはありません。我が藩の実情は……」

とこれまでの相馬藩の盛衰の歴史や、現状の困窮を詳しく説明した上で、

「私はもはや年老いて、とても復興の事業を成し遂げる力がありません。どうか相馬藩の再興のために先生のお力をお貸しください」

と誠意をこめて懇願した。そこで尊徳は、

「国家の政治のありかたは複雑のように見えますけれども、要するに取ると与えるとの二つだけです。盛衰安危も存亡禍福もこの二つによります。ところが世上一般は、このことを知りません。知らなければ再興することは不可能です。なぜならば、取ることを先にすれば、国は衰え、民は困窮して恨みの声が起こり、衰弱が極まって、場合によっては国家の滅亡という事態に立ち至るのです。これに反して、与えることを先にするときは、国は盛んになり民は豊かになって、上下とも富み栄えて、百代たっても国家はますます平穏となります。

聖人の政治は、思いやりを与えることを先務とします。他方、暗君は取ることを先にし

て、与えることを嫌います。治平も動乱も、その起こってくる原因はみなここにあるのです。今、相馬の政治は、与えることを先としていますか、取ることを先としていますか。いやしくも取ることを先としていたならば、どんなに努力を積み重ね、百年の辛苦を尽くしても、決して再興の時が来ることはありません。他方、与えることを先にするならば、国を興すことが難しいと嘆くことはないのです。

およそ天下の生物は無数にいますが、血気のある動物で手厚く施し与えて喜ばないものはありません。草木でさえも肥料を与えれば喜びます。反対にこれを傷つければ、快くは思わないものです。鳥獣や虫魚が人を恐れて逃げるのは、こちらに取ろうとする心があるからで、もしもこれを可愛がって餌を与えるならばすぐに喜んでなつきます。

まして人間は言うまでもありません。臣下が万苦をいとわないのは、君主がこれに食を与えているからです。ゆえに、与えるときは君臣となり、取るときは敵となるのです。ですから、百姓だけが与えずに服従する道理はないのです。与えるときは平和な民となり、取るときは乱民となるのです。これをよくよく考えなければなりません。

しかるに世の政治家は、税を取ることを先にし、与えることを後にしています。まず与えなければ民は生活の安定ができません。民が貧しくなれば、悪徳に流れて、結局は租税が減少し土地は荒れ果てて、上下の大きな禍いとなるのです。反対に与えることを先にするときは、民は生活を楽しみ家業を楽しんで、土地は年ごとに開け、財貨の生産はどんどん増加し、国の衰廃はなくなります。

ですから、取ると与えるとの前後を明らかにした上で政治を行う者こそ、真の政治家と言うべきです。私が廃亡を開き、百姓を撫育して、余沢が他領に及んでいるのは、ただ与えることを先としたためです。あなたの国がいま衰貧であっても、大いに思いやりを施し領民を撫育するならば、どうして再興しないことがありましょう」

と政治のあるべき姿を述べた。

草野は、

「まことにおっしゃる通りです。これからは与えることを優先する政治をいたします。ところで、藩内の数千町歩の荒地を開墾するにはどうしたらいいでしょうか。その方法をどうかお教えください」

尊徳は次のことを話した（概略）。

「それは小さなものを積み上げて大きなものにする（積小為大）、それしか方法がありません。今、日本の国には幾百万町歩という田畑がありますが、これも昔から一鍬一鍬ずつ耕し、それを積み上げた成果です。これを怠らなければ、何万町歩の荒地といえども開墾が可能です。荒地を開墾するには、荒地の力をもってするのが開墾の常道です」

「荒地の力をもって荒地を開墾するとは、具体的にはどういうことですか？」

「一反の荒廃した田を開墾し、その収穫物を翌年の田を開墾する元手《もとで》とし、毎年このようにしてゆけば、特別な費用はかからずに何万の廃田といえども開墾できるでしょう」

草野はひどく感動し、ありがたい教示に感謝して帰った。そして、自分は七十四歳になってしまったが、人生の晩年に尊徳先生のような偉大な人物に会えたのは非常な幸運で、これからはその教えに従って相馬藩の復興に命をかけようと心に誓った。

尊徳も面会ののち、

「私はかねてから草野という人が忠臣であると聞いていた。今、そのひととなりを見ると内面は誠実で正しく、外見はいたって穏やかである。そのうえ度量は抜群で、見識は先を見通している。私の言葉が水の中に水を流し入れるように、理解のすみやかなことは、もともと草野氏がなんでも知っていたかのようだ。優れた見識がなければ、どうしてよくこのようになりえようか。この人がいて藩政を担当し、そのうえ私の道を実行すれば、相馬藩の復興はさして困難なことではない」

と褒め称えた。

《付　記》

○積小為大

尊徳がしばしば述べていた教えに「小を積んで大と為す（積小為大）」というものがあります。これは、子供時代に米の収穫によって得た教訓で、「チリも積もれば山となる」ということです。

尊徳の弟子の一人、斎藤高行は『二宮先生語録』で、

「大事を成し遂げようと思う者は、まず小事を努めるがよい。大事をしようとして、小事を怠り『できない、できない』と嘆きながら、行いやすいことを努めないのは小人の常である。およそ小を積めば大となるものだ。小事を努めて怠らなければ、大事は必ず成し遂げられる。小事を努めずに怠る者が、どうして大事を成し遂げることができようか」（語録、三〇二）

という言葉を紹介しています。

九．草野、尊徳の仕法を聞き領民を救済

草野家老は尊徳に面会してその論説を聞き、大いに喜んで年来の志願をこの道によって達成しようと強く決意し、ただちに藩主充胤に次のように言上した
「当藩は長い年月のあいだに衰弱の度を加え、上下の艱難は極限に達しました。先君は非常にこれを嘆かれ、厳しい節倹の道を立て改革を行なうことを私に委任されました。
私どもは不肖な身ではありますが、志すところは先君の憂慮を安んじ、再び国を盛んにし、百姓たちに安定した生活を送らせてやりたいと思うのみです。しかしながら短才・不徳で、志を成し遂げることができず、すでに年老いてしまいました。このまま時が過ぎてしまったら、志は半分にも至らぬうちに中断し、殿のお気持を安んずることができず、領民に安定した生活を送らせることもできません。改革を私どもに委任された先君の御命令に背き、いたずらに禄をむさぼる罪に陥るのではないかと、昼夜を問わず、かたときも心を悩まさないではおりません。ただ今、殿は先君の仁政を継がれ、もっぱら節倹の道に励み、領民を慈しみ、再盛の道に心身を尽くされながら、それがまだ成功をおさめていない

のは私どもの不才の罪であり、代々の主君の御恩に感謝を申し上げる時期の到来しないことを嘆いている次第でございます。

ところでこのたび幕府が二宮を登用されました。かつて私は二宮の高名を聞いて、かなり以前に郡代の一条を下野に遣わしましたけれども、まだその大いなる徳を存じませんでした。最近面会することができ、その教えを聞いたところ、万物の道理、国家盛衰の原因、治国安民の大道を説くに、こんこんとして尽きることのない水の流れのごとく、外は耳目《じもく》を驚かし、内は心の底まで感動させずにはおきません。まことに傑出した人物で、凡庸な人の到底うかがい知るところではありません。私がこれを古代の賢人に求めてみますと、ただ周の太公望（初め世を厭い釣りを楽しんでいたが、周の文王に用いられ、殷《いん》を討つ）がそのたぐいとしてあげられましょう。全く近国の下野にこのような賢者がいるとは思いもよりませんでした」

藩主は大いに喜んで、

「まことにそちの言う通りならば得難い偉人であろう。速やかに余の命令として国元の家来どもに知らせ、復興事業を開始せよ。万事はそちに任せるから、よく努めてくれ」

と命ぜられた。草野家老は感涙して命令を受け、退出するとすぐ筆を執って、尊徳の高徳誠意さ、事業内容、論説を書き記し、併せて国家再復の君命を伝え、国家老池田に送った。

池田はそれを読み、家臣を集め尊徳の仕法導入について相談した。家臣たちは、

「今の時代に聖人がいるわけはない。相馬藩は六百年も続いている家柄で、優れた人物も多く政治も他藩よりうまく行われている。他国の農民上がりに力を借りる必要などない。お話を聞きますと、二宮は万民のために一身をなげうち、艱苦を尽くして、他人を慈しむことは我が子のようであるということですが、確かに数千年も昔の聖賢の行いは己に克つことを主としていました。おそらく、二宮もこのような人物であると言いたいのでしょう。しかし、現在の世の人情は私欲ばかり盛んで、今の世に聖人がいると言っても誰が信用いたしましょう。

また、二宮は復興のために資金を貸してくれるそうだが、そんな金を借りたら後で大変なことになるでしょう。いったん彼に藩政を委ねて事が成功しない場合は、かえって国の弊害となり、後になって心配事が生じたときは、非常に大きな恥をかいて天下の笑いものとなるでしょう。

また幕府でも彼の賢明を知って登用されたと聞いておりますが、昔から金持ちは財力で

世に出て、名誉を求める者が決して少なくありません。どうして彼が間違いなく賢明な人物であると言えましょうか。もしいつわりの名声に迷って、疑わしい者に藩政を委ね、大きな過ちを生じたならば後悔してもはじまりません。草野様はいつくしみ深く、実直なお人柄です。二宮の巧みな弁舌に騙されて、しきりに褒め称えておられますが、これはお年のせいではありますまいか。御家老はよくこの点をお考えください」

と尊徳の指導を受けることに反対した。

しかし池田は草野を信用していたので、

「諸君の言い分もわかる。だが名君と呼ばれた大久保忠真公が二宮を抜擢されたのを見れば、諸君が心配するような人物でないと思う。実際、桜町や烏山の復興、また小田原藩においても彼が関係したことは全て順調に行なわれている。だからこそ幕府が二宮を任用したのだ。今のままで相馬藩が良くなるなら、もちろん二宮の指導を受ける必要などない。しかしこのままでは相馬藩はますます衰えるばかりだ。これを救うことの出来るのは二宮以外にはあり得ないと思う。主君も二宮の仕法を採用されることを望んでおられるのだ。もしそれでも疑うならば、試験的に二、三の村について二宮のやり方を見てから決めてもよい」

と説得した。しかし家臣たちは、他藩の人の指導を受け、俸禄を減らされ、節倹を強いられることに不満だった。どうしても二宮の指導を採用するなら、自分たちを辞めさせてほしいとまで言った。池田はこうしたやりとりを、江戸の草野に手紙で書き送った。草野はそれを見て憤り、返信で、

「国家の大業をなすにあたって衆人の意見に従ったならば、決してこれを遂げることはできない。なぜならば、凡人の観察は千里の遠きには及ばず、かつ人を推しはかるのに自分の心を基準としているからだ。心を公に置いて全く私心をも生じない賢者の心境、百姓を安んじようとして我が身を忘れるその至誠を、これらの凡人がどうして推察することができようか。してみれば今、二宮先生のことを聞いて疑惑を生ずるのもまことにもっともではある。もとよりその賢者であることを知り得ないのであれば、みだりに可否を論ずる資格はない。

しかるに疑惑があるからとて、辞めてでも同意はしないと言うのは、自己の私見を押つけるだけで、国家永安の道を阻止するものではないか。国の再興を阻むならば、たとえ積年の忠勤があっても今はこれを不忠の臣と言わねばならぬ。不忠の者を退けて賢者を用いなければ、どうして六十余年（天明の凶作から約六十年）の衰国を興すことができよう。

国元の諸臣の進退は主君から前もって貴兄に任されておる。すみやかに事を決めて主君の大幸を開くことが現在の急務である。もし彼らの議論を気にしてためらっていたならば、大事はここに廃絶するであろう。国家再復の道は群臣にあるのではなく、貴兄の一心にある」

と激励した。池田はその手紙を家臣にも見せ、

「主君もお望みになり、草野もこのように決心しているのだ。どうか諸君も一致協力して藩のために働いてほしい」

と説得に努めた。しかしそれでも皆は同意しなかった。

藩主は江戸にあって議論が決しないことを聞き、草野を呼び、

「およそ目前のことでさえ、なお疑惑を生ずるのが凡人の常である。今、二宮の深遠な道理を聞いても、彼らに理解することは出来ないであろう。国政はそなたと池田とに任せてある。すぐに池田を呼んで二宮に面会させ、それから事を決せよ」

と命じた。

命を受けた池田が江戸に到着すると藩主は、

「そちを呼んだのはほかでもない。二宮なる者に我が国の再興を委ねようと思う。そちは

草野と共に力を尽くし、この事を成し遂げよ」

と命じ、同時に尊徳に面会するよう指示した。池田は謹んでこの命を受け、これから両家老一致協力して、尊徳の良法を聞き君意を安んじるため、心がけたという。

高慶が考えるに、忠をもって君に仕え、徳をもって民をなつけ、国家を常に永安の体制に置くのが、家老の任務ではあるまいか。今、池田・草野二家老の国家に勤める態度を見るに、身命をなげうち粉骨の労を尽くして数十年を重ね、なお忠勤が足りないとしておった。そして国益を求める志は、老いてますます厚かった。諸役人の紛々たる争論に際して、寛大にこれを導き、温和にこれを諭し、至誠を積んで彼らの疑惑を解き、ついに一人も退け罰するに及ばなかった。そして心を合わせ力を揃えて、衰廃振興の大業を成就した。まことに、その卓抜な見識と度量によって、よく家老の大任に堪えたものと言えよう。

しかしながら、明君がこれを信じ、厚くこれに委任することがなかったならば、二家老がいくら賢臣でも、到底その成果を見るに至らなかったであろう。

コラム

○倹約はケチではない

尊徳は、質素倹約、粗衣粗食の生活態度のため、ケチだと誤解されていますが、「世間の人はケチ（吝嗇）な者を見て倹約家だといい、倹約な者を見てケチだと言う。これを論ずる者があっても、ケチと倹約との境をはっきりさせたためしがない。ケチと倹約とは、実は分において定まるのだ。分が定まらなければ終日論議しても何の役にも立たない。もしその人が、天分の禄高を守ってその職務のために用い、私生活の費用をはぶいて人に推し譲っているならば、それは君子の行いであって、倹譲（倹約・推譲）の道である。反対に、もしその禄を惜しんでわざと使わず、金を隠し、衣類を腐らせながら、その職務に事欠くようならば、これは小人の欲であって、ケチのためなのだ。業を勤めて分を譲り、人のためにするものは倹約である。私欲から財を惜しみ、己れのためにするものはケチである」（語録一七五）

と述べ、倹約する理由については、

「世の中は一見無事のように見えても、変事がないとは言いきれない。変事は恐ろしいものだ。しかし、たとえ変事があっても、これを補う道を講じておきさえすれば、変事がなかったと同じことなのだ。世間ではワシが、倹約ばかり説いているというが、決して倹約ばかり説いているのではなく、変事に備えよと説いているのだ。またワシが金を貯めることに夢中だという者があるが、ワシは何も、金を積むことに専念しているわけじゃなく、世を救い世を開くために必要な金を準備しろとすすめているだけなのだよ。……」（夜話十三）

と言っています。尊徳が高利貸しだとか禁欲主義者というのは誤りです。

巻の七

一・池田胤直、尊徳に治国の道を問う

池田は藩主の命を受け尊徳に会いに行ったが、公務が忙しいと断られた。その後、草野と一緒に出掛けた。尊徳は草野が同行して来たので会うことにした。

池田は相馬藩の財政が困難に陥り、農民が窮し土地が荒廃している状況を詳しく説明した。尊徳はそれに対して、

「今、主君は仁慈深く、臣下は忠節でありながら、それでいて領民がその恵沢に浴して再復の時機を得ることができないのは、その本源が立たないからです。本源と言うのは、国の分度です。分度を立てて堅くこれを守るならば、財貨を生ずること限りなく、国民はあまねくその恵沢に浴し、荒地はことごとく起きかえり、必ず復旧するであろうことは疑い

ありません。

なぜならば、領民の数には必ず限りがあり、また荒地も何万石といっても必ず限りがあります。ひとつ財源だけは、今年幾万俵の米を生じ、来年もまた幾万俵の米を生じ、何千年の後までも生じて限度がありません。どうしてこれを限りがあると言われるのですか。果たして限りない財貨を生じて、限りのある民を恵み、限りのある荒地を開くならば、何の難しいことがありましょう。

けれども、国が一万石を得て所要の経費に不足するとき、十万石を得てもやはり十万石以上の支出を生じがちです。このように、とどまるところを知らない限り、たとえ何百万石を得ても決して余剰の生ずるわけがありません。これが衰貧艱難の原因ではありませんか。もし天下の大小名が、各々その天分の存するところに安んじて自然の分度を守り、その度を失わないならば、年ごとに分度外の余財を生じ、大いに国民を恵んでもなお余りがあって尽きることがないはずです。

たとえば大河の水を汲んで人の渇きをいやすようなもので、渇した者が何万何億人あっても、水は余りあるほど得られて、大河はこのために少しも水が減少することはないでしょう。本源のあるものはこの通りです。今あなたが財源には限りがあると言われるのは、桶《おけ》や甕《かめ》の水で何万人もの渇きを救おうとするものであって、水の不足を憂えるのは、その器の中の水が少なくて、すぐに尽きてしまうからではありませんか。万民を安心させようとするならば、どうして国中に仁沢の本源を設けないのですか。本源がひとたび立ったならば、単に相馬の民が安泰になるだけではなく、余沢は必ず他国に及んで尽きることがありますまい。

けだし神世《かみよ》、我が日本が豊葦原《とよあしはら》と称してまだ開けなかったとき、一面に葦原であったのをお開きになるのに、異国の財貨を借りて開かれたのではなく、一鍬一鍬、百、千、万と積み重ねて、そうしてこのように開けたのです。異国でもやはり我が国の財貨を借りて開いたのではありません。してみれば、我が国は我が国の力によって開き、異国は異国の力によって開いたことは疑いありません。その当初は、何か一つ財貨を得ようと思っても、どうして財宝がありましょうか。ただ木を削って鋤・鍬とし、一鍬一鍬の丹誠を積んで、ついに原野がことごとく開け、数千年の後に至って金銀財宝を作り出したのです。このことから見れば、開発が先であって、財宝ははるか後のことです。

しかるに今、荒地を起こそうとして財源がないことを憂えるのは、あとさきを考えないからです。たとえ極貧の国でも、上古《じょうこ》（はるか昔）の原野の時代に比べれば、どれほど豊かであるかしれません。どうして荒地を起こすに財貨がないのを憂えることがありますか。財貨は開田によって生ずるものなのです。

今、国の租税を調べて、過去十年ないし二十年ほど平均します。その平均の額は自然の数であって、これが天分の分度です。この分度によって支出を制限し、仁政を行い、荒地を起こす時は、分度外の米が湧くように増加します。これを国家再復の財源とし、年々怠りなく恵沢を施すならば、どれほど多くの貧民も安泰となり、何万町歩の荒地も開拓できます。

これはほかでもない、国家再興の本源を立てたからです。私が野州の廃亡の地を興し、隣国の荒地を開き、余沢が他領の民に及んでいるのも、皆この本源を立てたことによるのです。あなたの国は、多年にわたって、窮民撫育・荒地開発の道を行って来たが、分度が定まっていなかったため、費えが多いとなったのです。いやしくも私が行っているように、本源を確立して荒廃を興すならば、国の永安を得ることは何の造作もありません」

と答えた。両家老は大いに感動して、

「先生の明快な教えをお聞きして、長い間はなはだ困難と考えていましたことが氷解し、今はすこぶる容易のように思われます。先生の教えによってこの道を行いますならば、先代以来の志願も成し遂げることができましょう」

と言って辞去し、詳細にこれを藩主に報告した。藩主は大いに喜んで、国家中興の道を依頼する直書を尊徳に宛てて書かれた。両家老はこれを持って尊徳のもとに行き、君命を述べて直書を差し出した。尊徳はこれを読み、

「このように主君は仁、臣下は忠であるならば、国の再興は難事ではない」

と褒め称えた。その後両家老がしばしば来て道を尋ねたのに対し、尊徳は治国安民の要道・盛衰存亡の原因・万民撫育の仁術を説明した。その懇切丁寧な説明は、条理あり、節目あり、黒白を弁別するように極めて明らかであった。家老らはいよいよ深く感激して、衰廃再盛の道がはっきりと理解することが出来た。

二 相馬家の分度を確立する

池田は国に帰って群臣・諸役人に尊徳の良法を詳しく説明した。群臣はそれでも疑惑を解かず、議論が紛々として起こった。これに対して池田が誠意を尽くして諭し、また家臣たちに尊徳の話を直接聞けるように、訪問時に末席を配慮したので、尊徳を信ずる者が出

るようになった。

一八四四（弘化元）年、池田は再び江戸に出て、いよいよ良法を開始しようと、何度も尊徳のもとに行き仕法の道を尋ねた。同じ年のある月、尊徳は公務のため暇がなく、諸公の領内再盛の指導をすることができないとして、書面によって細川家・烏山藩・下館藩・川副氏・相馬家の依頼を断った（この年からは日光仕法雛形の作成のため特に繁忙で、尊徳は面会謝絶としていた）。ここにおいて諸公は驚き、今、再復の道を廃止しては再び衰退に帰してしまうであろうと嘆いて、尊徳の内諾を得た上、幕府の老中水野忠邦に嘆願した。幕府はその事情を察してそれぞれの願いを許した（細川藩だけは中村玄順〔勧農衛〕が独断で事を運んだため不許可）。こうして尊徳は初めて公然と諸公の国事を指導できるようになった。

ここにおいて両家老は何度も相馬に仕法を開始したいと願ったが、尊徳は暇がないとしてこれに応じなかった。しばらくして、草野と池田の両家老は、調べ上げた百八十年の藩の貢税（田地に課せられる租税、年貢）帳簿を尊徳のもとへ持参した。尊徳はこれを見て、「衰えた国はしばしば帳簿をつけることを怠り、僅か二、三十年の租税の額も明白でないものが多い。しかるに相馬藩が百八十年もの貢税を調べることができたのは、さすがに由緒のある国柄だけのことはある。これによって天命の自然を探り至当の分限を求めたならば、必ず中正の分度が得られよう」

と数ヵ月間、日夜深慮を尽くして帳簿を調べあげた。そして、百八十年間の資料をもとに理論的に算出した今後十年間の分度を約六万八千俵と決めた『復興計画書』三巻を渡した。そこには、十年ごとにひとくぎりをして分度改正も算定してあった。そして規則を立てて、分度外に生じた余財をもって衰廃復興・百姓撫育の費用にあて、あまねく領中を旧復する道も記されてあった。

両家老はこれを見て国家再興の基本を得たと大いに喜び、感嘆してやまなかった。そしてこれを藩主に差し出した。藩主はこれを熟覧して、

「これを読めば、我が国がもう救われたと言ってもよいようなものだ。全力を傾けて、この教えに背かぬように骨折ってもらいたい」

と草野と池田に指示した。池田は『復興計画書』を相馬に持ち帰り、群臣に詳しく説明した。これによって反対者も納得し、どの村から復興事業を開始するかという具体的な相談をして、最終的に草野村を候補として挙げた。ただ、この村は高山にあって、夏でも気温が上がらず、冬は厳寒の村で領内第一の怠惰で貧しい村であった。この草野村の事情を

知っていた尊徳は、候補地の選定を受け、「およそ仕法の道は、善行者を賞し、無力な者を教えることを主眼としている。善人を挙げて大いに賞するならば、不善者も善となるものである。『論語』に『直《なお》きを挙げて枉《まが》れるを錯《お》く時は、枉れる者をして直からしむ』（正直な人間を抜擢して、まがった人間をそのままにおく時は、まがった人間も正直者になる）と書かれているではないですか。一村を教化するのもこの方法が必要です。このためには最初に気風や風俗が良く、他の模範となるような村を選び大きな恵みを施すべきです。そうすれば、その村を見習ってまわりの村も皆、発奮して、自らの怠惰を改め、農耕に励むようになるのです。

たとえば、束ねた薪に一本の薪を打ち込むだけで一束の薪は堅固になるようなものです。水は高いところから低いところに流れるもので、善を広めるためには善を先にすることです。ところが皆さんは最初に、怠惰で貧しい草野村を候補地として仁政を行おうとしていますが、これでは順序が間違っています。さらに、この村は深山の中にあるのではないですか。このような誰も行かないような村では、多大の恩沢を施し長年かかって復興したところで、一般の村々がどうしてこのことを知ることができましょうか。

私の道によって村を興せば、亡び果てた村でも必ず復興することができます。善い村を復興する事業は簡単で、成功もいたってすみやかです。ところが草野村を先とすれば、他の五、六ヵ村を興すよりも資金が多く要し、しかも他村感化の模範となりません。こんなことをしていては、領内全体の再建は、数十年遅れることでしょう。この道理を藩の人々がわからぬはずはない。それでいて草野村に開業を求めるのは、仕法を信じ、道を慕うまごころから出たものではないと思います。私は順序の違うことは絶対に行いません。開業は取りやめ、二度と願いに来ないで下さい」

と候補地が駄目な理由を説明した。草野家老はこの言葉を聞いて驚き、この論旨を家中にも知らせ、領内の中央にある善村を選んで尊徳に懇請しようと再び評議が行なわれた。しかし家臣たちは最終的に、「尊徳が言うような領内第一の善良な村を育成することならば、誰にでも出来るから依頼するまでもない」ということで、領内の中央にあるが、民心は良くない大井村と塚原村で仕法することを強く要求した。家老は仕方なく、この二ヵ村で事業を開始することを改めて尊徳に懇願した。

尊徳はやむを得ず承諾したが、開業しないまま時が過ぎた。家老たちは何度も早期の実施を懇願したが、忙しいという理由で断られた。

高慶が考えるに、尊徳先生は深く思いをいたし、遠く考えを巡らして、中庸自然の分度を定められた。これによって頽廃した風俗をふりはらって、悪政を改革する基礎が作られた。すなわち、そこから財を生ずるありさまはたとえば流水が尽きることがないようなものである。なんと偉大なことではないか。国に分度があれば領民を慈しむことができ、財貨は豊かになり、富強な国ともなろう。そして変化に応じ、時機を定める妙は、その一心にあった。思うに、これは昔の賢人さえまだ実行に移していなかったところであって、先生だけがなしえたことである。よく判断し事を成し遂げ、政治行政の道において、果たした功績は、昔の賢人の道を僅かに補った程度という些細なことではない。

《付　記》

○直《なお》きを挙《あ》げて枉《まが》れるを錯《お》く

尊徳は、これについて次のように述べています。

「『直きを挙げて枉れるを錯く』（『論語』）にある、直きを挙げるには投票をもってする。……賞を与えて表彰し、一村の模範としたならば、村中の怠惰は変じて勤倹の民となる。これは理の必然である。今、百戸の村があるとすると、そのうちの過半数の五十一戸が怠惰貧困である時は、貧を恥じない。恥を知らなければあらゆる悪徳が生ずる。ところがもし、そのうち五十一戸が勤倹富裕で四十九戸が怠惰貧困である時は、おのずから貧を恥じる。人心が恥を知れば善におもむくことができる。だから、勤倹を賞し怠惰をおこし、富者の数を貧者の数に勝たせ、貧者をして恥を知らしめることが衰廃を復興する道なのである。……」（報徳外記）

三・成田・坪田両村に良法を開始する

一八四五（弘化二）年、池田家老は相馬にいて、こう考えた。

「二宮先生の無量の丹誠によって、国家の分度はすでに明確になった。そして今や郡村の衰廃再興の仕法に着手すべき時が来ている。しかしながら大井・塚原両村についてもまだ応じていただけない。これはほかでもない、当地において良法を求める誠意がまだ足らないためであろう。いやしくも誠意が行き届いたならば、先生が応ぜられぬはずはない」

そこで家老は代官などに尊徳の仕法の道を説き聞かせて、誠意を尽くさせようとした。

しかし、疑惑が多く、あえて実施しようとする者がなかった。

こうした中で、成田村と坪田村二ヵ村の復興を命じられていた代官助役の高野は、尊徳の仕法に感動し、この仕法によって村を復興させようと村人に説いてまわった。

高野の説得が功を奏して、両村の名主・農民たちは尊徳の指導を受けることに同意した。そこで高野は誠意を示すため、私財の籾五十俵を出して復與のための資金とした。これに倣って両村の名主や有志も、それぞれ分に応じて米や金を出して誠意を示した。そして田畑の数、荒廃地の様子、民家の貧富を調べ、仕法の嘆願書とともに家老の池田に提出した。

池田は喜んで、高野自身で先生のもとに行って嘆願せよと命じた。高野はただちに江戸に上り、草野家老にその次第を述べた。草野もこれを賞讃し、共に尊徳のもとに行き実情を述べ、八月に両村の書類を出して開業を請うた。尊徳はこれを聞いて、

「今、両村が他村に先立って私の仕法をよく理解し嘆願しに来たことはうれしい。この誠意を無駄にすることは出来ないので、願いに応じて開業しよう」

と指導することを受け入れた。

草野は、長年の念願がここにおいて達成したと大いに喜んだ。その後、高野が尊徳に成田村と坪田村二ヵ村の事情を詳しく報告したところ、尊徳は高野に対し心を込めて指導して、十一月、門人の高慶を助言者として伴わせ、国に帰らせ開業させた。二人は両村に良法を下し、貧村の復興と永続安泰を教え諭し、大いに善人を賞し、貧民を救助し、家や小

屋を与え、道を築き、橋をかけ、用水を便利にし、荒廃した土地を開墾し、村人の悩みや苦しみを取り去り、その生活を安定させた。

こうして村人たちは大きな恩恵を得て、心の底から感動した。村人たちは、朝は一番鶏の鳴くころに起きて仕事に励み、夜は深夜になってから寝、隣村もみな感化されて勤勉な両村を模範にし、遠近とも仁術を慕うに至った。

こうした中で、候補地となっていた大井村・塚原村は、

「最初に我が村々に開業の命が下ってから待つことすでに久しいのに、成田村・坪田村に開業がおくれたのははなはだ遺憾である。しかし、彼らが我らに先んじた理由は、誠意を示して嘆願したからであるという。それならば我が村々もただちに誠意を示す以外にはない」

とそれぞれ分に応じて米・金などを供出し、事業を開始することを何度も懇願した。尊徳は嘆願が本物であることを確認して、翌年の春、両村に仕法を下した。ここの領民も大いに喜び、無頼で怠惰な風俗は一変して、耕作に励み、誠意をもって行動するようになった。遠近の村々はこれを見、あるいはこれを聞いて、ますます仁術の良法であることを知り、どの村も嘆願書を出し、仕法の実施を求めてやまなかった。

群臣はここにおいて積年の疑惑が解消し、国家再興の道はこれであると喜び、従前の疑惑・拙論を悔いたという。

四．相馬領郡村の嘆願に応じ良法を拡張する

相馬領中、僅か三、四ヵ村ではあるが開業した結果、長い間の村民の苦痛は除かれ、永安の道が与えられた。その厚い恵沢に誰しも感謝せずにはおられまい。近在の村々は、その業績を見、その教えを伝え聞いて、この仕法によって数十年来の困苦を免れようと望み、仕事に励み、誠意によって米や金を積み立てて開業を嘆願した。

宇多郷では赤木・立谷の両村（相馬市内）、中の郷（原町市周辺）では二十二ヵ村、小高郷では十二ヵ村、北標葉《しねは》郷（双葉郡）では高瀬村（浪江町）が、互いに遅れてはならぬと嘆願を競った。池田家老はこの事情をしたためて尊徳に開業を請うた。

願いを読んだ尊徳は、

「大業を成し遂げようとする時に、速くしようと焦って一時に数十ヵ村に手を下せば、撫育・教導ともに行き届かないため、領民の希望を満たすことができず、結局は事業が中廃

に至ってしまう。君主が厚く仁沢を施すとき、領民誰一人服しない者はなく、早く仕法の仁沢を受けようとして嘆願することは、人情として当然である。だが、もしその願いに応じて一時に事を発したならば、事業の中廃はここから始まるであろう。だから固く当初の方針を守ってその要求に応じてはならない。開業中の村を恵み、その不足を補いその憂いを除き、大小貧富を問わず、村民中一人も困苦する者がなくなったならば、その村は初めて仕法が成就したと言ってよいのである。それからのち他の村に仕法を及ぼすべきである。

およそ水は必ず低い方に流れ、穴が水で満ちてから次に進んでゆく。低いところがいっぱいにならぬうちにその先に流れる道理はない。これが水の自然であって、疑うことのできない理法ではないか。今、国君が仁を下したばかりなので、開業の貧村がまだ完全には困苦を免れていない。困窮を免れないのは、水が低い土地に満たないのとどこが異なろう。仁沢がまだ満たないうちに他村に着手することを急いだならば、それは自然の理法に背き、ついに無量の仁術たる仕法を行おうとしながら、目前の撫育だけに陥り、領民もまた大いに失望するであろう。領民が望みを失ったならば、どうして大業を成就することができようか。

それゆえ、一村が全く復旧に至ってから二番目に移り、二番目の村が完全に富んでから第三の村に及ぶべきであって、何百何千の村でも順路はこの通りである。これは迂遠《うえん》のようにに見えるけれども、天地間の万事、これより順当なことはなく、これよりすみやかなものはない。たとえ百里千里の道を急いで行こうと思っても、一歩から始めるよりほかに仕方がないのと同様である。どれほど速く行こうと求めても、一歩に二歩を重ねることはできない。無理に重ねようとすれば倒れるだけである。ましてて百歩を一歩で走る法があるはずはない。幾万町歩の廃田を起そうとするにも一鍬から手を下し、二鍬三鍬と順を追って進むのである。万物の道理はこのように定まりがあって、知力の及ぶところではない。『論語』にも『速やかならんと欲するなかれ、小利を視《み》るなかれ』とあるではないか。国家の衰廃を興そうとするに、この道理に従わず、早く成就する道があるはずはない。諸郷の村々が一時に仕法を嘆願して来たならば、人倫の道を教え、農業出精を諭し『一村の行いが郡中に抜き出るようになったならば、早速良法を下すであろう。多大の仁沢を布くことは、数十数百の村に同時にできることではない』と教えて、簡単に要求に応じてはならない。これがすなわち大業成就の道である」

と言って、開業することを許さなかった。両家老は尊徳の的確な意見に感心して、この道理を村民に諭したけれども、何回も嘆願のやむ時がなく、貧民の張りつめた力が消えうせ、気抜けの憂いを生じはしないかと恐れた。

その後再び尊徳に事情を話して開業を請うた。尊徳は、

「領中の民情がそれほど切になって来たのに久しく開業しないならば、誠意を失う憂いがないとは言えない」

と、善良な村を選んで、仕法を下させることとした。まず宇多郷の赤木・立谷両村、次いで北標葉郷の高瀬村に着手し、小高郷の十二ヵ村からは、村上村（大井・塚原の隣村）を第一の開業地とし、順次、開業を許した。仕法の仁術を得た村々は感動して旧弊を除き、日々未明から夜半に至るまで勤業を怠らず、遠近の諸村はますますこれを慕って、互いに家業に励み良法を希望すること、ひでりの年に雨を望むようであった。百年来の怠惰無頼の汚俗（悪いならわし）流弊がこのときに至って洗われ、領民は初めて農事勤倹の尊いゆえんをわきまえたのであった。人々は良法の成果が著しいことに驚嘆したという。

五．相馬領の村々、再復して美風みなぎる

こうして、尊徳の復興仕法は多くの村々で成功を収めた。特に高瀬村の村民は尊徳への

感謝の気持ちを込め、空地を選んで杉苗四万本を植えた。尊徳は、はるか遠くにいてこのことを聞き、感嘆して言った。

「古語に『百姓罪あらば、罪朕《ちん》が身にあり』とあるが、実に至言というべきである。上《かみ》が仁ならば民に義があり、上が信ならば民は礼あり、上が恵むときは、民はその恩を報ずる。上が無道ならば民もまた暴民となる。君がむさぼるときは、民心は汚悪に流れ、あらゆる悪徳を生じ、衰亡の禍いが発する。治乱・盛衰・存亡・安危はことごとく民にあるのではなく、上人君《かみ》の政事《まつりごと》にあること、たとえば影が形に応ずるようなものである。

今、相馬の貧村は無頼弊風が極まっていたのに、ひとたび仁政を施してこれを恵んでからは、領民は古くからしみこんだ汚俗をすすいで、貧苦を免れ、固有の善心を発し、報恩の志が自然に発動した。このことから見れば、天の生んだ民にどうして不善の者があろうか。まだ善でない者があるのは、人君の仁政が至らないためである。いやしくも上の仁心が余りあるときは、決して国の盛んにならぬ気づかいはない。一、二の村がこのようになったからには、天下万億の村民も同じことである」

門人はこれを聞いていよいよ良法の素晴らしさを嘆美したのであった。その後多くの村々は、こうした素晴らしい成果を見聞きして、仕法を実施した村は五十ヵ村に達した。

仕法を開始して十年で、数千町歩の荒地が開拓され、分度外の産米一万余俵が生み出された。そこで尊徳は、分度をこれまでの六万八千俵から、今後の十年間は七万俵に増やし、国の経費と藩士の扶持に妥当な割合でこれを分配する改定を行った。藩の人びとも積年の困苦が緩和され、仕法の良法たるゆえんを理解したのであった。

こうした状況について尊徳は次のように述べた。

「相馬藩から領内の再興を依頼されたが、私は公務で暇がなく、ただ遠く江戸や桜町に居て指示するだけで、深い理法を示すことはできなかった。けれども、その大筋を守って実行しただけでもこの通りの素晴らしい成果があった。もし私自身が相馬の地に出向き、直接指導したならば数年で上下安泰の道を得たであろうことは疑いない。今後君公をはじめ群臣ともに分度を厳守し贅沢にならず、目前の利益に迷わず、永世のための仕法を行なうならば、相馬藩はもとより、他藩にまで及んでその得る所は限りなく大きなものとなったであろう。

私は幼年の時からこの道を志し、三十余年の間、諸方の求めに応じて仕法を施したが、その時機を得なかったり、諸公が道を守ることができなかったりして、多くが廃止されてしまった。そのなかで、ひとり相馬藩だけが始めの約束を守って、十年も続けて実行し、偉大な成果を挙げている。

ただ残念なことは、忠臣であった草野・池田の両家老がすでにこの世を去り（草野は七十六歳で、池田は六十五歳で死去）、仕法の成功を見られなかったことである。これは相馬藩の不幸と言わねばならぬ。けれども両家老の志は領内に満ちている。また、お二人は将来を配慮して、生前から忠義の臣を選び、要職に推薦していた。今、家臣が万民を救い国家安泰の道に心力を尽くしたならば、それは一藩の民の幸福だけではとどまらない。大業の成就・不成就は、天にあるのでもなく地にあるのでもなく、ただ国君と政務を執る人との一心にある。私心を除き、まごころを第一として、ますます永安の道を行ったならば、どうして成功しないことがあろうか」

人びとはこれを聞いて、相馬仕法が最後まで完全に行われることを願ったという。

六．相馬公自ら領民に勤農の道を諭す

相馬充胤公は、一八三九（天保十）年、父君益胤公の跡を継いだ。以来、国家の衰弱、百姓の困苦を大いに憂い、もっぱら父君の志を受け継ぎ、国弊を正し領民の艱難を救おう

と心を悩まされていた。自らの衣服は木綿を用い、食事の菜は一品とし、諸人に先立って艱難をいとわず、江戸にあっては公務に尽くし、国にあるときは必ず自ら領内を巡察して百姓の苦痛とするところを問い、大雨・暴風・雪中でも駕籠《かご》を用いなかった。そして貧民を安撫してその家業に励ませ、村々の盛衰・気風の善悪を直視して、尊徳の良法を諭した。

領民は充胤公の仁心が深く、民を哀れむことの厚いのに感激して、汚風を改め家業に励み、国君の憂慮心労を安んじようとした。このため、ますます尊徳の道が広く行なわれて、大いに美風に感化することができたのである。

そしてしばしば尊徳を招いて礼を厚くして教えを請い、その論説を聞いて大いに喜び、ますますその道を施行した。こうして充胤公の美名は他国に響き、賢君として称されるに至ったのであった。

そもそも、充胤公が幼少の時、先君は非常に可愛がって養育していたが、草野家老は次のように諫めた。

「我が君には豊丸君（充胤の幼名）を愛せられますならば、必ず報難の地において養育せられるべきであります。昔から人君で御殿の奥深く住まい、婦人の手に長じたものは、往々暗愚《あんぐ》であって、少しも下民の難苦を知らず、奢侈に流れ放逸《ほういつ》（わがまま）に陥り、ついに国家の衰廃におもむくことが珍しくありません。

今、我が国家の衰弱、百姓の艱難は、殿のご存じの通りであります。もし若君を艱苦のうちに成長せしめられ、賢明の君となさいましたならば父君の善政を失墜せず、一藩を哀れみ百姓を撫育し、国家再興の政治を成就なされるでありましょう。反対に、もし愛情に溺《おぼ》れ、婦人の手で成長させたならば、凡庸《ぼんよう》の君となって艱苦を嫌い、臣下の言を用いず、農耕の報難とは何なのかもわきまえずにいることになりましょう。そうなれば、永く国家再盛の道が絶えるでありましょう。これはまことに主君の御不幸ばかりでなく、一国上下の大患《たいかん》であります。

およそ生まれながらの賢人聖者は億万人中にも得難いものでありますが、たとえ素質は賢明であっても、艱難を経なければその美質（良い性質）が顕われず、仁恕《じんじょ》（哀れみ深く、思いやりの厚い）の心が薄いのであります。私は若君が賢君とおなりになるよう願うのみであります。我が君にはこれを御配慮あられますよう」

先君は感心して、

「そちの言葉はまことに、国家を憂い、我ら父子を愛する忠言と言うべきである。それゆえ今ただちにこの子をそちに預けよう。進退養育の道について、余はあえて口をはさまない。そちの思うままにせよ」
と命ぜられた。ここにおいて家老は命を受け、ただちに破損した小屋を修復して幼君をここに住まわせ、仁義を教え忠孝に導き、朝は未明から学問を勧め、武道を講じ、衣服は木綿ものを常とし、食事は一汁一菜のほかは用いず、ことごとく艱難のうちに養育することに心を尽くした。こうした草野の教育の効果によって、若君は成人の後、よく艱難に堪え下情に達し、父君の志を継いで国家再興の大業を開くことが出来たのであろう。

あるとき尊徳はこのことを聞いて褒め称えて言った。

「およそ諫めをいれ、愛を割《さ》くことは人情としてできにくいことである。しかるに先君は断乎として諫めに従い、愛児を艱難の地に養育させた。また、諫言は臣下の容易になしえないところである。ところが草野氏はしばしば諫言して両君に仁政を行わせた。君臣がもとよりこのように優れているとき、国家が再興しないことはない。いま我が仕法がかの国に盛んに行われているのは、一朝一夕のゆえではないのだ」

高慶が考えるに、草野家老が君に仕えた行き方は、要を得たものと言うべきである。古来、忠義の士が苦心して国事に勤めても、君主がわがまま放縦《ほうしょう》では、諫めも忠言も聞き入れられず、やがて、国事は日々に非道に陥り、百姓は離反し、知者があってもどうにもしようがなくなる例が実に多い。家老は早くから国家の衰微を興そうと志していた。ここにおいて進んで直言し、幼主が艱難のうちに安んじ、倹約節約の尊さを知るように仕向けた。果たしてこの君が跡を継いでから、仁沢は慈雨の降り注ぐように領内にあまねく行き渡った。古語に「一たび君を正して国定まる」とあるが、この言葉を実行した者に草野家老がある。

七．相馬公、日光神領の復興に資金を献納

下野国の日光神領二万石の土地は、高山・丘陵が多く、水田がなく農民は雑穀を主食とせざるを得なかった。天明の大飢饉以来、農民が一層困窮していたため、一八五二（嘉永五）年に、幕府は領内復興と民心安定の事業を尊徳に命じた。これは、以前に日光神領の村々を復興する方策を献上せよとの命令（一八四四年）により、尊徳が復興策を数十巻にして献上していたためである。

この日光神領開発は莫大な資金を必要とするが、相馬藩からの献金もあった。相馬藩の復興事業はまだ進行中であったが、藩主の充胤は、尊徳の日光神領開発の件を知り、この

開発には莫大な資金が必要であろうと思い、家老の池田へ、

「我が領内三郡の再興安民の事業を二宮に任せたところ、この仁術によって国弊が大いに改まり、再復の効験はすでに顕然となって来た。大慶これに過ぎるものはない。今、幕府は先生に大業を委任した。まだ当地の仕法は半ばに至らぬゆえ、微力ではあるが、この際報恩の道を行わなければならない。そちはこれを考慮してくれ」

と命じたためである。池田は家臣たちと相談したが、家臣たちは、

「相馬藩の復興はまだ途中で、借金も残っています。この復興事業が完了したならば、ご恩返しが出来ましょうが、今は無理です」

という返事だった。しかし池田は、今こそ尊徳に支援しなければ恩を返せないと、

「以前我が藩の財政が困窮した時に、幕府に嘆願して八千五百両を借用した。その借金は、毎年五百両ずつ返済していたが、今年で完済する。そこで、まだその借金があるとみなして、来年からも引き続きその五百両を日光神領開発の事業費に献金すれば、十年で五千両献金出来ることになる。このように考えれば献金は可能と思うがどうであろうか」

と説得した。これを聞いて家臣たちは同意した。こうして、藩主の充胤に言上し、幕府の許可も得て、尊徳に対して毎年五百両、十年間の献金が決まったのである。

八．幕府の命を受けて印旛沼の掘割を検分に行く

一八四二（天保十三）年、老中水野忠邦は下総国（千葉県）手賀沼から川を掘り、印旛沼に注ぎ、そこから太平洋に出る水路をつくって船を運航させる計画を立てた。以前にもこの工事のため数十万両の財を費やしたが不成功だった。

幕府は尊徳に対し、この工事が可能かどうかを調べ、その後考えるところを申せと命じた。尊徳は命令を受け、

「これは容易なことではない。何事も成功・不成功は自《おの》ずから時機というものがある。私がたとえ印旛沼におもむき、検分したとしても効果はないだろう。しかし、御命令をお断りすることは出来ない」

と他の役人たちと共に印旛沼に出かけ、一ヵ月ほど調査をして帰って来た。他の役人たちはすぐに事業費、成功の見込み、完成年数などを言上したが、尊徳はしなかった。そこで幕府は尊徳を呼んで尋ねた。

尊徳は、

「この事業は大事業なので、私はまだその成功・不成功の判断ができません。やり方次第です。不成功な方法とは、権力をもって人夫を使役し、あるいは夫役の代わりに金を出させ、年を限って事業の成功を急ぐ方法です。これは土木工事のいつものやり方です。この方法ですと、役人も領民もともに困窮し、ただ利益のみを考えて行動し、結局は事業が廃止されてしまうことでしょう。

他方、成功する方法というのは、期限を定めず、成功の時期をもって期限とし、経費も限度を設けず、力を尽くす方法です。しかしこの場合でも優先順位を間違えれば、必ず成功するとは断言できません。まずは、万民を慈しみ育てることが先で、その後に掘割を行うことです。お金ではこの仕事は出来ません。先に何を行うかによってこの大事業の成功・不成功が決まると思います」

と言上した。その後、見込書二巻を作ったが、提出期限が過ぎていたために献上しなかった。結局この工事は翌年七月に着工され、毎日五万人の人夫を動員し、二十五万両という巨額な資金を使いながら、なんらの成果もあげられず、老中水野公の失脚を機に、九月に中止された。

九．仕法は普遍の法則

一八四三（天保十四）年七月、尊徳は幕府直領地のうち、小奥州小名浜《おなはま》（福島県）、野州真岡《もおか》（栃木県）、東郷《ひがしごう》（栃木県真岡市）の三つの代官所の属吏（下役人）に任ぜられた。勤務地は一定せず、用務も特定しなかった。命令を受けた際、尊徳は、

「代官は郡村を治め、民心を安定する職である。その下役人になって、自分の仕法を村々に広め万民を救済することが出来れば、いずれ私の仕法が広く全国各地で行われるであろう」

と期待したが、代官は、

「そなたの仕法は旧来の規則に合致しない。開発をするかどうかは幕府が決めることで、代官の判断では行うことは出来ない」

ということで、空しく歳月を送った。

尊徳は残念に思ったが、どうすることも出来なかった。翌年になって、江戸に出向くよう命令が下った。到着すると、

「日光神領は長年にわたって荒廃し、農民も非常に困窮している。すぐに現地に行って調査し、農民の生活を安定させる復興方策を建言せよ」

というものだった。これに対して尊徳はその場で、

「そもそも天下の荒廃地は大同小異で、その復興の方法は全て同じです。また農民が悪い風俗・習慣に惑わされ、貧苦する状況はどの藩でも異なることはありません。ですから、わざわざ現地に出向いて調査をしなければ明らかにならないものではありません。真岡にいて日光再建の方策を献上することを許してもらえないでしょうか」

と言った。しかし役人は、

「理屈はまさにそうかもしれないが、現地に出向いてその事情を報告するのが規則である。だから一度検分をすませて、そののちに言上せよ」

と言うので、なおも尊徳が、

「今、その土地を見ずに、復興の普遍的方法を十分に書き記せば、一度の方策を献上するだけで、何度もお命じになる面倒はなくなります。ですからその土地を見ずに再興の道の方策を考えたいと願うばかりです」

と述べると、幕府はそれを許可した。

江戸から帰った後、尊徳は弟子を集め、

「そもそも日光は東照公（家康公）が鎮座する場所であって、村々は皆その祭田《さいでん》である。日光の土地を復興し、民を救済する方策を命ぜられたことはこの上ない幸せである。そこで、私が長年尽くしてきた仕法を全て書き記して献上しようと思う。この書が出来上がれば、後世でも役立つであろう。孔子が一代で道を行なうことが出来なくても『論語』は永遠に残ったではないか。皆が協力してこの仕事に努めてほしい」

と言った。

尊徳はその後、以前から依頼されていた各地の指導を断り、来客の面会を謝絶して仕法書の著述に全力を注いだ。しかし三年経っても脱稿しないので、弟子たちは心配していた。ある時、真岡の代官が江戸に来て、早く書類を出したほうがよいと忠告した。さらに代官の上司は完備せずともよいから早く提出せよと命じた。尊徳はやむを得ず、徹夜で心力を尽くし、数十巻の報告書にまとめ、幕府に提出した（一八四六年）。

しかしこの時には、当初の幕府の要人たちはすでに転勤していたため、開業の命令が出されずに、無駄に歳月が流れた。また当時は、各地の領内再興の指導を中止してからすでに三年が経過しており、小田原領を初めとして途中で廃止されたものがあった。そのため、尊徳のもとへ各地から来る復興依頼の人々は、この日光神領復興の仕法書を手本としたいと懇願した。

これに対して、まだ採用の可否がないので勝手にこれを写して使うことはできないと尊徳が言うと、彼らは幕府に仕法書の利用許可を願った。幕府はこれを許可した。

コラム

◯二宮尊徳と渋沢栄一・西郷隆盛

相馬仕法は一八七一（明治四）年の廃藩置県まで約三十年間続いたが、この終了の際に、西郷隆盛と渋沢栄一の間で存続についてやり取りがあったことが、渋沢栄一の『雨夜譚《あまよがたり》』で明らかになっています。これによると、明治四年の暮れに、西郷が大蔵省で働いていた渋沢の自宅を訪れ、

〈廃藩置県で、これまで藩の内部だけで通用していた藩法も廃止されてしまうらしいが、相馬藩で二宮尊徳が作った興国安民法は良法なので、ぜひこれを存続させてほしいと願いが来ている（富田高慶が関与）〉と訪問の趣旨を述べたところ、渋沢は、

〈二宮尊徳が残した興国安民法というのは、要するに「入るを量りて出ずるを為す」で国家予算の基本のような法です。したがって、この法を適用すれば、確かに相馬藩は繁盛するだろうが、現在、急務なのは、相馬藩の興国安民法の存廃よりも、むしろこの興国安民法を国家の規模に拡大することではないですか〉

と反論しています。渋沢の言い分は、大蔵当局が苦心して、国家財政の基礎を定めようとしているときに、太政官（太政大臣と参議からなる政府の意思決定機関）は、兵部省、文部省、司法省の予算要求に、むやみに承認を与えてしまうのは困るというもので、

〈一国の興国安民法を御認めくださらないで一藩のために心を労せられるのは、本末転倒の甚だしきもので、此辺の事に就いては宜しく御賢慮くださるよう御願いします〉

と西郷に述べたといいます。尊徳も最終的には全国に分度を定めて政治を行いたいと考えていたのですから、渋沢の意見に同意したと思われます。

なお、農商務省から発行された『報徳記』には西郷隆盛の弟の西郷従道が大臣として跋（あとがき）を記しています。

巻の八

一・真岡代官山内の配下となる

幕府は一八四七（弘化四）年、真岡と東郷の六万石を山内総左衛門を代官として任命し、尊徳はその配下となった。山内代官は尊徳に新たな荒地開墾の事業を行わせた。しかし以前からいた役人は規則をたてにしてこの開墾事業に協力しなかった。尊徳はやむを得ずこの事業費を全て自前で調達し完成させた。役人たちはこれを見て、

「今度の代官は二宮に命じて我々の知らぬうちに開墾を行った。この開墾は従来の規則からみれば違法であり、後でどのような面倒があるかわからない。いまのうち身を引いたほうがよい」

として、全員揃って辞職を申し出た。代官は驚いて、

「開墾は私の意思ではなく、二宮が勝手に行ったものである。私が大いに彼を戒め、今後このようなことがないようにさせるから辞職は思いとどまれ」

と言い、尊徳を役所に呼び皆の前で、

「貴公が開墾をしたのは誰の命令によったのか。私は関知しておらぬ。また手附（代官所勤務）も知らないという。およそ天下の土地は興廃ともに規則があって、決して官の許可なしに開くことは出来ないのである。もしこれが江戸に知られておとがめがあったならば貴公だけの罪ではすまないではないか。それにもかかわらず開墾したのはどうしてか説明せよ」

と叱責した。尊徳は、この場で、「村民の要請に対して代官の許可を得てから行ったのです」と話せば、代官の立場がなくなるので可哀想だと思い、

「それは私が何もしないで、無駄に歳月を送って給金を頂いていることは、盗人の罪にあたりはせぬかと深く恐れたからです。私はこれまで荒地を開き領民を撫育し、人びとの生活を安定させることを仕事として来ました。この地でも村人の願いがあったので、その荒地を自分の財で開墾し村人に恵んだならば、少しは盗人の罪を償うことになると思ったのです。

事前にこのことをお耳に入れ、可否の裁決を待たなかったのは私の罪であります。もし、開墾地を廃棄したほうがよろしければ、すぐに荒地に戻し埋めるだけのことです。埋めることは簡単で、一日の手間もかかりません。どちらでも代官のお考え通りにいたします」

と述べたので、代官は怒って、

「開墾したものをまた荒れさせるわけには行かぬ。江戸の指示を待つほかはない。今後拙者が命じないことは決して手を下してはならぬ」

と言った。尊徳は引き下がって、

「こうなっては仕法の道も行き詰まった。代官は始め私に荒地開墾と新田開発の仕事を命じたのだ。私は『土地に関しては、官には古来の定則があると聞いていますから、みだりに手を下せば後日の憂いがありましょう。御配慮ください』と言ったはずだ。ところが代官は『拙者は江戸で、すでにこのことを言上し、委任の命令もあった。貴下が事業を開始するのは拙者が権限でさせるのである。もし異論があったならば拙者が一身に責任を負うから心配はいらない。貴下はただ力を尽くして事を成就されよ。拙者からこれを頼む』と言ったので、やむを得ず引き受け、自財を投じてまで開墾を行ったのだ。これは村人のためであると共に、代官のためを思って行った事業なのに」

と嘆いたのだった。

当時尊徳の官舎はなかった。代官はこれを設けようとせず、役所のそばにあった神宮寺という破れ寺に住まわせた。ある日、下館藩の家老衣笠兵太夫が東郷村に来て、尊徳の住まいのひどさに驚いた。そこで役所に行って山内代官に言った。

「二宮氏は一身の困苦を憂えることはありません。けれども彼は賢者です。代官はどうして彼を冷遇なさるのですか。今、彼の住まいに行きましたが、壊れた空き寺で、風雨雪霜を防げません。彼は老年とはいえ強壮ですから大丈夫かもしれませんが、弟子が病気にかかるかもしれません。代官の行いは賢者を遇せられる道において万全ではないように思われます。拙者は二宮氏の指導を多年受けているので、愚意を申し述べた次第です。御配慮ください」

代官は内心でひどく怒ったが、

「貴殿に今さら言われなくとも、拙者はよく承知しております。住宅は新しくつくるつもりなのです。二宮を空き寺に居させるのも少しの間のことで、二宮があの寺を補修するのは一向にかまわないのです。拙者は何も彼自身で寺を修理することを禁じた覚えはありません」

と答えた。そこで衣笠は尊徳に寺の修理をすすめたが、尊徳はこのままでよいと同意しなかった。一方の代官は、尊徳が衣笠を使って住宅事情を訴えさせたのだと疑い、すぐさま尊徳を呼び、

「先刻衣笠が来て、貴公を壊れた寺に住まわせるのは拙者の処置の誤りだと申した。彼はもとより陪臣《ばいしん》（諸大名の直臣を将軍に対して呼んだ呼称）であり、天下のことに関与する資格はない。しかるにこのような言葉を拙者に向かって述べるのは、身分をわきまえぬものではないか。拙者の処置は考えがあってのことで、陪臣の指図を受ける必要はない。『以後このような失言を発するな』と、貴公から彼に諭しておくがいい。拙者が直接に衣笠を戒めたならば彼の立場がなかろうと哀れみ、貴公から言わせるのだ」

と怒って言った。尊徳は、

「私は空き寺にいても決して苦しいことはありません。衣笠という男は善良柔和なたちですが、思慮が浅いため、代官に向かって失言を申したのでしょう。帰って、再び失言などせぬよう言い聞かせます。どうか御心配なく」

と弁明した。そこで代官は続けて言った。

「拙者は、上は幕府のため、下は領民のために貴下の仕法を広め、この国の荒地を開墾し

困窮民を撫育しようと多年考えてきた。しかるに私領（藩の領土）とは異なり、公領（江戸幕府の直轄地《ちょっかつ》）の制度・規則は細かく決まっている。貴下の仕法は新法なので公領では実行することはできないのだ。江戸に具申して指示を請うているが、まだ何のお沙汰もない。だから貴下は空しくしているよりは、むしろ退いて以前のように私領の民を安定させることに専念したほうがよいのではないか。

拙者は幕府に『二宮の道は良法ではあるが、私領で行わるべきものであって公領では行えない。彼を小田原の旧主に戻されるならば、私領のためには幸いであり、幕府としても無用の人間に金を出してまで召し抱えることはなくなり、両全の道であろう』と上申しようと思う。これより他に策がないと思うが、貴下の意向はどうか？」

尊徳は、

「私の進退については、代官のお指図に従いましょう」

と言って、帰ってから衣笠にやり取りを報告した。衣笠は大いに怒って、

「代官は読書家で少しは道を知っているものと思っていました。拙者が代官に述べたことは、実に代官のためを思っての一言でした。それなのに、それを陪臣の失言だとして怒り、先生を呼んでそのようなけしからぬ言葉を発するとはなんたることでしょう。もう拙者は

二度と代官を相手にしません」

と言ってすぐに下館に帰った。尊徳は、

「代官が私の仕法を、公領では行うことができないと誤解して幕府に訴えたならば、万事終わりである。今さら何を論じ、何を憂えることがあろう。まことに天命ではないか」

と嘆いた。弟子（高慶）はこれを聞き、このままではいけないと代官のもとへ出かけ、

「幕府が二宮を貴殿の配下とさせたことは、二宮の仕法によってここの土地の民を救わんがためでありましょう。にもかかわらず、数年経つのにまだ実行できないのですか。

貴殿は二宮の仕法は私領には良いが、公領には適さないとお考えのようですが、それは私どもには了解できません。およそ道は一つであります。私領に大きな益のある道ならば、どうして公領に益のないことがありましょう。私領とは言っても同じ天下の土地です。これまでも、二宮はもし法に触れることがあれば、法には触れないように仕法を折衷し行ってきました。これこそ仁術であって、その術が尽きることなく諸国に行われ成功してきたゆえんであります。

貴殿は先年、草野正辰氏に『自分は二宮の仕法によって国家の有益を開き、百姓を安んじようと思う。それゆえ公領にもこの道を開いて二宮の力を十分に発揮させるよう自分が

必ず尽力しよう』と約束しました。草野氏はお亡くなりになってしまいましたが、今日のあなたのお言葉を聞いたならば何と嘆かれることでしょうか。

二宮は今、貴殿の賢明な意思によって道の開けることを望み、貴殿の一言によって道のすたれることを悲しんでおります。貴殿が公領では出来ないとして、二宮を小田原へお戻しになったとしても、小田原においてはすでに仕法を廃止し、二宮の往来さえも禁じておりますこれは貴殿もご存じのはずです。小田原に帰れとの命令を受けましたならば、二宮は、仕法の道を廃して深山幽谷の人となり、世の交わりを絶つであろうことは疑いありません。

以上が、貴殿の一言によって仕法の道が永くすたれることになるであろうと申すゆえんであります。貴殿はなぜ、二宮の道を試みなさらないのですか？」

代官は言った。

「公領のことは私の独断ですることはできない。もし事を独断して過ちがあったならば、罪を免れることができない。拙者の身分も心配である」

弟子はこの一言を聞いて嘆息し、

「私が時間を割いて愚言を呈したのは、ほかでもありません。御代官が公のために身を奉じておられる方と信じたからであります。もう何を言っても無駄だとわかりました」

と帰った。尊徳が代官に何を話して来たのかと尋ねたので、弟子が報告したところ、怒って皆も呼び集め、

「代官がどんな人物かは、私はもとより知っている。それでも争わず、空しく日を送っているのは、決して私の本意ではない。道の興廃は天命であって、もとより代官などにあるのではない。だから私は自重して時機を待っていたのだ。それにもかかわらず、私が心を尽くして苦労しておるのを知らず、そのような議論をしてくるとは何という愚かなことだ。それは道を開こうとして、かえって道をふさぐものではないか」

と戒めた。弟子たちは驚き、頭を下げた。この時期は、尊徳の仕法の行き詰まりが極度に達したと言わねばならない。尊徳の広大な度量がなかったならば、再び道を開くことは出来なかったであろう。

まもなく山内代官が真岡陣屋に引っ越したので、尊徳も東郷陣屋に引っ越し、二十年住みなれていた桜町陣屋から妻子を迎えた。桜町の人びとは心から別れを惜しんだ。

《付　記》

○公領での活動

尊徳の公領での記述については、次の石那田村《いしなだ》がある。このほか、下野国真岡の管轄下（公領）にある棹ケ島村《そうかじま》（茨城県下館市）について、前代官が八丈島の島民を移住させて、荒廃した土地を開墾させたが次第に衰えたので、尊徳にこの村を復興させたこと。続いて同郡の花田村も復興させ、山内代官がこれらの地域の復興は尊徳の仕法に頼り、成功に導いたことを幕府に言上し、幕府は尊徳の尽力を賞し、資金として四百両を与えたことなどが記述されています。

二．下野国石那田村の堰を築造

下野国河内《かわち》郡石那田村は公領で、隣村の徳次郎村は私領の宇都宮領（戸田氏、七万七八〇〇石）であったが、ある年、徳次郎村も公領に編入された。徳次郎村は川を堰き止め、その水を利用していた。石那田村の用水もこの堰から分水していた。しかし用水が不足しがちで、二つの村は水の確保のためにいつも争っていた。

山内代官はこの解決を尊徳に委ねた。そこで尊徳は両方の村人たちに言った。

「あなた方は数年来、水を奪い合い敵同士のように憎み合っている。このままでは、両村とも滅亡してしまうだろう。そこで御公儀が私にこの心配を取り除かせようとしたのだ。私にはこの用水を十分なものにさせる方法があるが、その場合は、私のやり方に従わなければいけない。従うか、否かはあなたたちで決めなさい」

両村の村民は答えた。

「昔から、両方に具合のよい方法を得ることができませんでした。もしよい手段があるならば、何とぞそれを行って下さい。もとより願うところです」

両村の村民たちは、そのように返事はしたものの、互いに「出来るはずはない」とあざけり合った。

尊徳は、まず堰を作り、徳次郎村の用水口に石の水門をすえ、出水の時でも用水路が破壊しないようにした後、石那田村の分水口を石垣にして、分水に限度を設けて順調に水を送れるようにした。完成すると、用水は二つの村を満たしただけでなく、下流の他の村々をも潤した。両村の人びとは尊徳の深い知恵に感心し、大いに喜び、感情のもつれはいっぺんに氷解した。この後、人心は和らぎ、貧困の心配を免れ、皆は感嘆してやまなかった。

ある人が尊徳に尋ねた。

「両村は用水が不足して、奪い取ろうとする心しかなく、いっこうに推譲の道を知らず、あたかも鶏と犬が闘うようでした。先生がひとたび手を下されますと、長く続いた恨みはたちまち解消しました。どうしてこのようにすみやかに人情が変わったのでしょうか?」

尊徳は答えた。

「だいたい、人間の心というものは、貧乏なほど心を痛めつけるものだ。飢渇の憂いがあっては、どうして良心を保つことができよう。両村の民はもとから粗暴なのではなく、貧乏のために争っていただけだ。その貧苦の原因は水が不足するところにあったので、そのもとを豊かにしたのだ。これが仲良くなった理由である。お互いに水不足を嘆いてきたが、本当に川の流れが不足していたのではなく、多くの水が無駄に費やされていただけである。

これは水ばかりではない。百姓が貧窮に苦しんでいるのは、天下の米や金が欠乏しているのではない。米や金があり余っていても、金持ちもそうでない者も各々がその分限を忘れ、無駄に財を費やすから、貧困から免れることが出来ないのだ。ひとたびその分度を明らかにして、無用の散財をやめたときには、米や金があり余って、富有になることは、この堰を堅牢に築いて、用水が十分になったようなものである。万物の原理はひとつとして別ではない。ただ処置の仕方によって、あるいは富み栄え、あるいは衰貧となることは推して知るべしである」

《付　記》

○推譲の道

晩年になって、尊徳は「推譲」ということを強調しています。「推譲」とは、他人や公のために譲ることです。一生懸命に働き、多くの富をつくり、それを社会に還元して人を救う、つまり「世の中のために尽くす」ことです。尊徳はこれについて、夜話で繰り返し語っているので、要約して紹介します。

「人道というのは、天道（自然の道）と違っていて、譲道から成り立っている。譲というのは、今年の物を来年に譲り、親が子のために譲ることから成立する道であり、天道には譲道はない。人道は人の便宜をはかって立てたものだから、どうかすると奪おうとする心が生じやすいな。鳥獣は間違っても譲る心が起きることはない。ここが人と動物の違うところだ。

人道は自然の状態ではなく、人がつくったものだから、人間が用いている物はすべて人がつくったものばかりだ。だから人道ではつくるために勤めるのを善とし、破壊することを悪とする。万事自然に任せておけばみなすたれてしまう。これをすたれないように努力するのが人道というものなのだ。

人間でも譲道というものを知らないで、人道を尽くさない者は、安楽の生涯がおくれないで鳥獣と同じ境遇になるのだ。だから人間たる者は、智力が劣っても、力は弱くとも、今年の物を来年に譲り、子孫に譲り、他人に譲るという譲道を実践するならば、必ず成果があがり、豊かな人生を迎えることができるようになるのだ。その上に恩に報いるという心掛けが必要であって、これも知らなくてはならないし、勤めなくてはならない人の道なのだな」(夜話一七七)

三. 日光神領を廻村し、復興事業に着手

日光仕法実施の命下る

尊徳は幼少のころから老年まで、私欲を捨てて、天下万民の困苦を取り除き、貧しい村、衰えた藩を復興した。その人徳が影響を及ぼしたところは、伊豆《いず》・駿河《するが》・遠江《とおとおみ》(静岡県)、相模《さがみ》(神奈川県)、甲斐《かい》(山梨県)、武蔵《むさし》(埼玉県・神奈川県・東京都)、下総《しもうさ》(茨城県・千葉

に達した。

県）、上野《こうずけ》（群馬県）、下野《しもつけ》（栃木県）、常陸《ひたち》（茨城県）、陸奥《むつ》（主として福島県）の十一ヵ国に達した。

幕府が尊徳に日光神領の荒廃地を興し、窮民を安んずる方策を打診したのは一八四四（弘化元）年であった。これに応じて尊徳は良法の詳細を書き記して差し上げた（仕法雛形、『富国方法書』）。尊徳の言行一致が証明され、幕府はますます良法であることを知り、一八五三（嘉永六）年、尊徳を江戸に召して命じた。

その文面は、「日光御神領の村々の荒地を起こし返し、難村を旧に復する仕法を取り扱うように仰せつけたから、見込みどおり、公領・私領とも手広くとり行い申すべし」というものであった。尊徳は謹んで命を受けて、この大事業を完成させ、万代不朽《ばんだいふきゅう》の規則を立て、上は国の御恩に報い、下は万民を安んじようと熟慮すること数日、弟子を集めて次のように教え諭した。

「今、このように御命令を受けたが、私はもはや年老いて、大事業を指導することは無理だ。これからはそなたたちが一致して、この方法の基礎を確立し、永久に行われる道となるよう努力してほしい」

これに対して弟子たちは、

「かしこまりました。先生が六十巻の書を献上してから長年を経て、ようやく開業の御命令をお受けになられたのは、至誠が天に通じたからにちがいありません。ただちに万民が永く生を安んずる道を行って人びとを安心させて下さい。私どもはただ、開業の遅れだけが心配です」

と、すぐに事業を開始してくださるように願った。ところが尊徳は、

「天地のありとあらゆる物には時機というものがある。その適切な時機が来なければひとつのこともなすことは出来ないものだ。ましてこのような大事業が出来るはずはない。私はその時機を探っているのだ」

というだけで泰然自若《たいぜんじじゃく》としていた。そして毎日、前々から仕法を実施してきた諸藩の家老たちと話し合うばかりで、すぐには開業しようとする気持ちが見られなかった。弟子たちはその深い意味を悟らず、ひどく焦っていた。そうこうするうち、四月になって尊徳は病にかかった。弟子たちが心配して医者に見せると、

「あまりに疲労されたからだ。静養すればすぐ治るが、その後も養生しないといけない」

という診断であった。

病気は十数日で治ったが、疲労は続き歩行さえ困難に見えた。しかし尊徳は、多くの場

所に出かけて村民たちに話をしていた。少し回復したので、五月に江戸を出立し、東郷の陣屋におもむき、開業の順序を計画し、六月下旬に日光山に登ろうとした。

家族や弟子たちは、

「まだ御病気も完全によくなったわけではないのに、この猛暑では、御病気が再発しないとも限りません。涼しくなるのを待っておいでになってはいかがですか」

と諫めたが、尊徳は聞き入れず、登山して日光奉行に会って言った。

「荒廃した田地を開墾し、この領民を安んじ、慈しむようにとの命令を受けて以来、ただちに開業したいと思いましたけれど、その順序を考えておりましたために遅くなりました。まず村々を巡回して、土地が肥えているか痩せているか、領民の貧富・人情の様子を見てから、私の意見を申し上げましょう」

奉行は尊徳の病気を心配して、駕籠に乗るように勧めた。しかし尊徳は、

「駕籠に乗って村を回ったら、艱難辛苦の実状、衰廃の原因などがわからず、適切な救済策を得ることは出来ません」

と猛暑の中、険しい山道を徒歩で村を巡回した。巡回中は、土地の良し悪しを調べ、村々の善人を褒め称え、身寄りのない人びとや困窮している人を援助した。まだ衰退して

いない村には、お金を与えて村民を賞した。さらに堤防を築き、渇水の心配をなくし、人びとの生活を安定させた。

機に応じて宜しきを行う

これより以前、日光の領民は尊徳が命を受けてこの地に来ることを聞いて、大いに疑惑の心をいだいた。よこしまな人がいて、村民を煽動してこう言った。

「今になってこの荒地を開こうとすれば、莫大なお金が必要だ。多額の費用で廃田を興した時には、新たに年貢米を出させられることになろう。そうなれば田を開発したためにかえって粗税が増え、村々の禍いとなることは間違いない。表面は衰えた村を復興し、百姓を保護・育成することを名目にして、実際は年貢を増加しようとするのだ。だから、もし二宮がこの土地に来たら『仕法を開業しないでください』と日光の御陣屋に訴え出よう」

人びとは皆これに同意し、仕法の実施を拒否すべくはかっていた。しかし、数ヵ月経っても尊徳は来なかった。そのうち尊徳は病気のために来ることができないとか、仕法の開業はとりやめになったという者もあった。結局、よこしまな人は、策を巡らすこともできず、月が経つうちに人びとの疑惑の心は次第に消え失せて、拒否しようとする気持ちもまたなくなっていった。

尊徳が六月下旬に村を巡回した際は、領民に恵むこと非常に厚く、仕法の道を諭すことはまことに仁術であって、村の人びとは感心した。かつて疑惑の心を抱いたことを振り返ってみると、天と地ほどの隔たりであった。

こうして人びととの疑惑は氷解し、仕法を願い求める人びとは数えきれないほどだった。もし二月の命令を受けた時に、すぐに日光山に登り仕法を開始したら、間違いなく領民の疑惑のために仕法は妨害されたであろう。ひとたび着手するや、病苦を耐え忍び、炎暑をおかし、終日、恩恵を施し大いに教え諭し、一挙に民心をなびかせた。この人間わざとは思えない速さは、平凡な人間があらかじめ考え知ることではない。尊徳が適切な時機を探りながら行動していることに、弟子たちは今さらながら感嘆した。

尊徳は猛暑にもかかわらず八十九ヵ村を巡回し、復興する対策として数十ヵ条を記して、日光奉行に提出した。

この仕法の大きな問題は、一万両を超える資金の手当てである。日光神領は土地のうち約四分の一に当たる九百三十四町歩余が荒地となっていた。これを、幕府から何らの経費をも受けずに、三十年で耕作地又は植林地とする計画であるから、必要とする資金は膨大である。

そのため尊徳は、これまで開墾し育成して貯まった数千両を日光山陣屋の貸付所に預け、その毎年の利子を仕法の資金の一部とした。また、諸藩からの返済金（小田原領仕法に用いた報徳金五千両の回収）や相馬藩からの献金（五千両、前述）も活用した。

一八五四（安政元）年二月、幕府は尊徳の長男弥太郎（尊行《そんこう》）に、父と同様、民を安んずる仕法を施行せよと命じた。また、仕法実施の根拠たる「仕法取扱所」（報徳館）は、今市《いまいち》（栃木県）に一八五五（安政二）年落成、尊徳一家は東郷からここに移り住んだ。

四．日光仕法、進展する

大谷川より水路を開く

日光の神領地は昔から水田はなく、ようやく三十年ほど前から、僅かばかりの水田を開いたという。このため村民は雑穀を主食としていた。尊徳は村民の艱難を哀れに思い、土地の形勢を調べて言った。

「この土地は西北に高山があるので、平地といっても西が高く東は低い。ところで大谷川が郡村の中央を東へ流れているから、川の左右に水路を掘り、これを村々に注げば、村々が受ける恩恵ははかり知れないものがある」

そこで野口村から平ケ崎村・千本木村までの長さ二里あまりの水路を掘り、大谷川の水を引き、荒地を開墾して村民に与えた。村民は大いに喜んだ。他の村々はこれを見、あるいは聞いて、競って新用水の開削を願い出、数ヵ所の水路が完成した。

神領の荒地は千町歩あまりと言われていたが、実際はこれ以上あった。しかし土地は痩せているものの租税は軽かったから、農民たちは強いて年貢の減免を願い出なかった。このため村々の衰退は極限に達し、僅かに副業で生計を補っていたのだ。しかし、困窮し家財・田畑を失い、あるいは博打のために破産する者が少なくなかった。こうした衰貧・艱苦になっても、その艱苦がどうして起こったのかを考えていなかった。尊徳はため息をついて、村人たちに諭した。

「あなたがたの困窮ぶりはこんなにもひどい状態である。このままではいつになっても繁栄・安心の道を得ることはできないだろう。そもそも富貴・貧賤・安危・存亡は外から来たのではなく、自らこれを招き求めたのだ。あなたがたはどうしたら富裕となり、何をしたら貧困になるのかを知らずにこのような衰貧、滅亡の域にまで達してしまったのだよ。

どうしてこれを悲しまずにいられようか。

当神領の土地は痩《や》せていても、租税が軽いことはほかに例を見ないものだ。これは神領の民なので、租税を軽くして永久に百姓を安堵させ、肥えた土地の民と平等にしようとするためではないか。その御恩はまことに大きい。皆がこの御恩を忘れず、田畑に力を尽くし、節倹に励んで余剰を産み出し、お互いに信義の心で交わり、子孫の安泰と繁栄をはかるならば、家々は豊かになることは間違いなかったのだ。

ところが、この御恩を忘れ、根本の仕事を怠り、良田を荒地にさせたまま、厳禁の博打をやり、先祖伝来の家産を失ってしまうまでその非を悟らないでいた。御公儀はこれを心配されて、私に命じて、長年の衰廃を興し、再び繁栄する道を得させようとしたのだ。だいたい人間は衣食住がなければ生活を安んずることはできないものだ。この衣食住の三つは何から出てくるかと言えば田畑である。その基本である田畑を荒らしたままでは、何百年たっても一粒も生じない。それなのに衣食の豊かなことを望んでいる。これは泉の源を閉じて、水を求めるようなものである。なんとひどい過ちだろう。

当地の神領の荒廃地はおよそ千町あり、痩せた土地といっても平均して一反につき四俵は生産できるのだ。一反につき四俵を生産すれば、一年間に産出する米は四万俵となる。

十年間では四十万俵、五十年では二百万俵である。

この土地が荒廃してから五十年と見ても、すでに二百万俵の米穀を失った勘定になる。村々の民はこれを反省せず、他に衣食の道を求めることに汲々としているが、これではどうして衰弱・危亡を免れることができようか。もしおまえたちがこの道理を理解し、すぐに開墾事業に従事する者には賃銀を与えよう。開墾が一年遅れれば、一年分の産米を失うことになるのだ。どうして努力しないでいられようか」

尊徳すでに古稀

尊徳の言葉を聞いて、村々の農民たちは深く感心し、争って開妬に力を尽くし、数年で五百余町歩を開き、年々産出する穀物は全て農民のものとなった。そのうえで尊徳は農民の苦悩を取り除き、彼らを教化し、心を安んじさせた。こうして長年の乱れた風紀は改められ、村々はよく感化され、いよいよ復興の時が到来したと歓喜した。

高慶が考えるに、尊徳先生は幼少の頃から不世出の才能を有し、堅忍不抜《けんにんふばつ》の行いを自ら果たした。しかし名君大久保忠真公が抜擢し、衰頽した土地をふるいおこすことを委ねなかったら、取るに足りぬ一農夫で終わってしまっただろう。忠真公は先生を登用して最初は下野国三ヵ村の復興を命じ、のちにこれを小田原領内に移そうとされた。立派な功績が現れるのを待って、さらに幕府に採用させ、天下万民に大きな恵みを受けさせようとした。なんと遠大な志であろう。残念ながら忠真公は事業なかばにして突然亡くなられた。

幕府は先生を登用されたとはいえ、一代官に従属したにすぎない。ことごとく妨害されて先生はついにその志をひろげられなかった。十数年を経て、ようやく日光神領の衰退を救うようにとの命を受け、かつ広く諸国に推進することができたが、先生の齢はまさに古稀（七十歳）に達し、そのうえ病にかかられていた。ああ、先生の優れた才能、立派な行いをもってしても一生不遇で、ついにその事業を成功に導くことはできなかった。人びとの嘆きはやむことがなかった。まことに天命と言うよりいたし方がない。

終

《付　記》

尊徳は、一八五五（安政二）年、六十九歳の時はほとんどを病床で過ごし、この年の大晦日《おおみそか》の日記に、次のように記しています。

「私の手を見てくれ、私の足を見てくれ、私の書簡を見てほしい、そして私の日記も見てほしい。おずおずとおそるおそる深い淵をのぞくように、薄い氷の上を渡るように生きてきたことを見出すだろう」

また、尊徳は死に当たって「葬るのに、分を越えてはならない。だから、墓石を建ててはならない。碑も建ててはならない。ただ土を盛り上げて、その傍らに松か杉の木を一本植えておけばそれでよい。必ず私の言うことを違《たが》えてはならない」と弟子たちに厳命しています。遺体は、尊徳の夫人の意向によって、現在の今市二宮神社の本殿の後方にある如来寺の境内に葬られました。

■尊徳から影響を受けた著名な経営者たち

○渋沢栄一（一八四〇～一九三一）

渋沢は、日本で初めての銀行（第一国立銀行、現在のみずほ銀行に連なる）を創設したほか、多くの産業、企業を創業した〝日本資本主義の父〟です。東京ガス、東京海上火災保険、王子製紙、田園都市（現東京急行電鉄）、秩父セメント（現太平洋セメント）、帝国ホテル、東洋紡績など多種多様の企業の設立に関わり、その数は五百以上といわれています。

渋沢は尊徳の教えのひとつ〝至誠〟に関して、「私は、あくまでも尊徳先生の遺された四ヵ条の美徳（至誠、勤労、分度、推譲）の励行を期せんことを希《ねが》うのである。まず至誠は、何をやっても必ず基礎とならねばならぬものであり、至誠は実に大きな力で、至誠を以て事に当たるときは単に智力、武力思ってするよりも幾倍効果があるものである。……利益や富そのものは不道徳ではなく、道徳と経済は一致するものである」と述べています。

○安田善次郎（一八三八〜一九二一）

安田財閥の創始者。無学歴・無資本で商人から身を起こし、尊徳の説く「分度」の重要性を身をもって実践し、金融大財閥を築き上げました。

「私の資産を作った一大原因は『分限を守る』という決心を固く実行したためである。私は、その昔、鰹節屋を始めたときから、我が生活は収入の十分の八と決め、いかなることがあっても、この規則を越えたことがない。尊徳翁の教えにも分限論はよほど懇切に説いてある。……とにかく分限の必要は申すまでもないのである。貧しきは分限を守るが、富むとそれを乱しやすい。それではとうてい産を保つことはできないのである。また言葉によらず行いをもってした。世には、口の人、筆の人もあるが、私は口や筆より行いの力を信じたから、もっぱら行いをもって身を処し、かつ部下を率いてきた。……」と言っています。

○豊田佐吉（一八六七〜一九三〇）

豊田佐吉の父は同志と共に地元報徳杜を創設しました。この長男が、豊田自動織機を創業し、トヨタ自動車の源流をつくった佐吉です。

佐吉の没後六年目、一九三五年に「豊田綱領」が定められました。その第一項は「上下一致、至誠業務に服し産業報国の実を挙ぐべし」と、全社を挙げて至誠をもって勤労し、利益を上げることで社会に報いることを掲げています。佐吉は経営にあたり、「何にいくら儲けたいの、これだけ儲けなければならないのと、そんな欲張った自分本位の考えでは駄目じゃ。（略）世の中の多くのため、お国のためにという考えで、一生懸命働いてゆけば、食物も自然とついてくるものじゃ。すべて需要者本位でなければならぬ。需要者が満足すれば、値段も向上する。だから経営者も利益がでて、需要者も満足するのである」と、自他両全を実践しました。

佐吉は米国を訪れ、自動車産業の躍進ぶりに感銘を受け、長男喜一郎に対し、国のために尽くせと自動車工業の開発資金に多くの資金を投入し、世界のトヨタを育てたのです。

○鈴木藤三郎（一八五五〜一九一三）

鈴木は、山村の下層社会に生まれ育ちましたが、青年時代に尊徳の教えに接し、熱烈な尊徳信奉者となりました。鈴木は砂糖を国産品にする事業に取り組み、尊徳の、「荒地は荒地の力をもって興す」という教えに従い、「糖業は糖業の力を以て開くの大道なりと信ず」として、大日本製糖を設立し、また、国策会社として設立された台湾製糖の初代社長にも迎えられ、「砂糖王」と称せられた。

郷里に農林学校を新設すると共に、富士山麓に広大な農場を開き、製茶、果樹、牧畜、山林を経営し、商工農の全産業にわたった報徳流の経営の規範を完成し、尊徳の恩に報いようとしました。

鈴木は尊徳五十年祭の折に、尊徳の遺著一万巻が未整理のままであるのを知り、自費を以て、報徳全書にまとめあげ、これを収容する二階建ての土蔵と共に今市の二宮神社に寄進したほか中央報徳会の設立に当たっても中心的存在となりました。

○御木本幸吉（一八五八～一九五八）

御木本は真珠の養殖に成功しミキモトの創業者として世界の真珠王となりました。二十歳の時に上京して、二宮尊徳という人物の話を聞いて感銘を受け、尊徳の教えで事業に取り組みました。推譲の精神を大切にし、私財を投げ出して、赤潮防止法の研究に資金を拠出し、事業が軌道に乗った後も、地域や社会に対して、推譲を積極的に行い、志摩の道路改修も自費で行いました。伊勢の真珠島には「海の二宮尊徳たらん」と書き記されています。

○土光敏夫（一八九六〜一九八八）

土光は石川島播磨重工業（現ＩＨＩ）と東芝の両社の再建に手腕を発揮し、経団連会長を務め、臨時行政調査会会長として、行政改革を断行しました。報徳博物館の建設に当たって、その賛助会会長の任を引き受けたとき、

「尊徳先生は『至誠を本とし、勤労を主とし、分度を体とし、推譲を用とする』報徳実践の道を唱えられ、実行に移されたのでありますが、その手法は極めて科学的であり、経済の論理にかなうものでありました。重税が農民の勤労意欲を奪っていることを認識され、大幅な減税によって働く意欲をかきたて、農村を復興させ、ひいては藩の財政をも立て直していくやり方は、見事というほかはありません。

財政再建が叫ばれ、行政改革が実施に移されようとしている今日、行財政改革の先駆者である尊徳先生の思想と実践方法を改めて多くの方々に研究し、会得していただき、応用していただきたいと思うのであります。国の内外を問わず世界の大勢は多くの分野で行き詰まりに直面し、この困難な状況を克服する上で、対処する方法手順を与えてくれるもの

が報徳の道にあると信じます」

と述べています。経団連会長になってからも通勤には公共のバス・電車を利用するほど生活は〝清貧の人〟そのもので、〝メザシの土光さん〟と呼ばれ、庶民にも慕われていました。

○松下幸之助（一八九四〜一九八九）

松下幸之助は松下電器産業（現在のパナソニック）の創設者であり、零細企業を世界一の家電メーカーに仕上げ、〝経営の神様〟といわれています。幸之助は、

「……商売というものは、利益を抜きにしては考えられない。しかし利益を得ること自体が商売の目的ではないと思う。やはり大事なことは暮らしを高めるために世間が求めている物を心をこめてつくり、精一杯のサービスをもって、提供してゆくこと、つまり社会に奉仕してゆくということではないだろうか。……」

今の人びとが忘れている大切なものに、道義や道徳があります。商売の道にしても今は道義に欠ける一面があるように思われるのです。道徳は、人間の尊厳とその正しい生き方を教えるものです。人間生活の基礎であり根本です。道徳なくして、人間が人間らしく生

きることは非常に難しい。自分の利益のみ、物欲のみ、本能のみに生きているという自分本位の姿では、これは動物と同じである。人間が単に知識のある動物に成り下がってはいけないと思う。場合によっては自らの欲望を節してでも、他の為に働く、そこに人間としての値打ちがある。……」

と述べています。

○稲盛和夫（一九三二〜）

稲盛は、京セラ、ＫＤＤＩの創業者で、ＪＡＬ（日本航空）など多くの企業も再建しました。企業家の育成にも力を注ぎ、一九八四年には財団法人稲盛財団を設立。高校時代は空襲で生活苦に陥った家計を助けるため、紙袋の行商をして生活費を稼いだとのことです。

稲盛は自著のベストセラー『生き方』で尊徳について、

「……たとえば、二宮尊徳は生まれも育ちも貧しく、学問もない一介の農民でありながら、鋤一本・鍬一本を手に、朝は暗いうちから夜は天に星をいただくまで田畑に出て、ひたすら誠実、懸命に農作業に努め、働きつづけました。そして、ただそれだけのことによって、疲弊した農村を、次々と豊かな村に変えていくという偉業を成し遂げました。（略）真の貴人のごとく威厳に満ちて、神色さえ漂っていたといいます」
と書いています。

このほか、佐久間貞一（大日本印刷の前身　秀英社創立）、荘田平五郎（三菱財閥の推進者）、伊庭貞剛（住友財閥の総理事）、鈴木馬左也（伊庭の後継者）、早川千吉郎（三井財閥の形成中央報徳会の理事長）、小倉正恒（住友の総理事）、大原孫三郎（倉敷紡績、大原美術館、孤児院、病院などを建設）、畠山一清（ポンプメーカー荏原製作所）、河本春男（バウムクーヘンのユーハイム社）、塚越寛（かんてんぱぱの伊那《いな》食品工業）など、日本経済の発展に尽くした多くの経営者が尊徳から多大な影響を受けています。

二宮尊徳関係年表

西暦（年号）	年齢	出来事
一七八七（天明七）	一	神奈川県栢山村で生まれる。
一七九一（寛政三）	五	酒匂川の堤防が決壊し、二宮家の田畑は荒地となる。
一七九六（寛政八）	十	大久保忠真が小田原藩主となる。
一八〇〇（寛政十二）	一四	父　利右衛門死去（四十八歳）。
一八〇二（享和二）	一六	母　よし死去（三十六歳）、金次郎は伯父の万兵衛家に寄食。
一八〇三（享和三）	一七	捨苗を植えて籾一俵を収穫。積小為大の理を悟る。
一八〇四（文化一）	一八	万兵衛家を去り、名主岡部方に住み込む。
一八〇六（文化三）	二十	生家に帰り、生家復興に尽くす。
一八一〇（文化七）	二四	江戸・伊勢・京都・奈良・大坂・琴平などを旅行。
一八一八（文政一）	三二	服部家の財政再建を引き受ける。藩主大久保忠真より表彰。
一八二〇（文政三）	三四	報徳社の淵源となる藩士の五常講を創設。
一八二二（文政五）	三六	宇津家（桜町）の復興を命じられる。小田原藩に登用され、名主格となる。

一八二八（文政十一）	四二	辞職願を提出。
一八二九（文政十二）	四三	失踪。成田山新勝寺に祈願。
一八三一（天保二）	四五	大久保忠真、金次郎の功労を「以徳報徳」と称える。
一八三二（天保三）	四六	桜町で不作の予兆を警告。稗の蒔きつけを指示。
一八三三（天保四）	四七	飢饉となり、諸国で大凶作が続く。
一八三五（天保六）	四九	細川家の財政再建、農村復興事業開始。
一八三六（天保七）	五十	烏山藩の飢饉を救い、復興事業を開始。
一八三七（天保八）	五一	藩主大久保忠真死去。小田原領救済に着手。
一八三八（天保九）	五二	加藤宗兵衛・川崎屋の指導。
一八三九（天保十）	五三	相馬藩の富田高慶の入門を許可。
一八四二（天保十三）	五六	水野忠邦により幕臣に登用、尊徳と名乗る。
一八四三（天保十四）	五七	真岡代官の陣屋手付けとなる。
一八四四（弘化一）	五八	日光神領復興事業方法書作成を命じられる。
一八四五（弘化二）	五九	相馬藩の復興事業を開始。
一八四六（弘化三）	六〇	小田原藩、報徳仕法を廃止し尊徳を追放。
		日光神領復興事業方法書完成。

一八四七（弘化四）	六一	再び真岡代官配下となる。
一八五二（嘉永五）	六六	下館領内の分度を確立し、仕法を行う。
一八五三（嘉永六）	六七	日光神領復興事業開始。病になる。
一八五五（安政二）	六九	大晦日の日記に「予が書簡を見よ、予が日記を見よ」と記す。
一八五六（安政三）	七〇	日光今市で死去。
一八五六（安政三）		富田高慶『報徳記』刊行。
一八七一（明治四）		廃藩置県。西郷隆盛が渋沢栄一を訪ね、相馬仕法の存続を取り次ぐ。
一八八〇（明治十三）		相馬充胤、明治天皇に『報徳記』を上程。
一八八五（明治十八）		『報徳記』、農商務省（西郷従道大臣）より刊行。
一八九〇（明治二十三）		『報徳記』、日本農会刊行。一般に販売。
一九〇四（明治三十七）		小学校の修身教科書で金次郎が取り上げられる。
一九三〇（昭和五）		昭和天皇、静岡県下ご視察の際、急遽、大日本報徳社に行幸。
一九四六（昭和二十一）		日本銀行券（一円）の肖像画として尊徳が用いられる。
一九五〇（昭和二十五）		日教組運動活発化。国旗掲揚と国歌斉唱、道徳教育の反対を唱える。

おわりに

二宮尊徳（金次郎）については、学校の先生から教わった記憶がありません。尊徳は何よりも〝道徳〟を大切なものとしていましたが、戦後になって、日教組や知識人などによって、道徳教育が否定されたからでしょう。偉人と称えられていた尊徳についても、戦争協力者だとの主張が横行したようです。その期間は長く続き、文部省は道徳教育に本腰を入れず、同時にマスコミや「進歩的文化人」は尊徳を無視してきました。こうした風潮の中では、戦後生まれの人たちが、尊徳に関心を持たなくなったのはやむを得なかったと思います。ただ、アメリカは戦争当時から、尊徳を平和主義者として高く評価していたことが明らかになっています。いずれにせよ、尊徳は忘れ去られてきました。

経済を専門としていた私が尊徳に特に関心を持ったのは大学教員になってからでした。その時に、著名なキリスト教徒の内村鑑三が『代表的日本人』として日蓮上人、西郷隆盛、上杉鷹山、中江藤樹とともに二宮尊徳を西欧社会に向けて英文で紹介したことや、文人の武者小路実篤が「尊徳のことをまるで知らない人が日本にあつたら、日本人の恥《はじ》だと思ふ」といった理由が理解できたのでした。

〝国民教育の師父《しふ》〟とも呼ばれている森信三は、『修身教授録』において日本の偉人として聖徳太子と二宮尊徳をあげています。森は、「古来尊徳翁ほどに微賤な身分から身を起こして、一般の庶民大衆にも近付きやすい大道を示された偉人は、比類がないと言ってもよいでしょう……『二宮翁夜話』は、われわれ日本国民の『論語』と言ってよいかとさえ思うのほどです」と語っています。

また先の内村は、『報徳記』は我われに新理想を与え、新希望を与えてくれる本で『聖書』のようだと述べています。孔子やキリストは古臭いと言って無視されてはいません。しかし、尊徳は〝古臭い、過去の人〟という一言で片付けられているようで、これは非常に残念な思いです。

本書の主たる底本は『現代版報徳全書、補注報徳記』（佐々井典比古 訳注）、日本の名著『二宮尊徳』（児玉幸多 責任編集）です。超訳に際しては原著者の気概と格調を損なわないという点を最重視しました。ただ『報徳記』には重複的な記述が多々あり、また、現代では不用と思われる事項もあります。そこで、本書ではそうした箇所を削除、整理し、話の流れを工夫する一方、用語の解説、関連事項を付け加え、読み易くなることに心がけました。

執筆中は〝気〟の達人で西野流呼吸法の創始者、西野皓三師匠、そして好岡先生を初めとした指導員の皆様から〝生命エネルギー〟を高めていただき、道場の仲間からは〝笑いと驚き〟を頂戴し、大きな力となりました。

最後になりましたが、私の〝志〟を実現させてくださった致知出版社の藤尾秀昭社長には、ご教示をいただき、謹んでお礼を申し上げます。また副社長の柳澤まり子様、編集を担当してくださった小森俊司様を初め致知出版社の皆さんに大変お世話になりました。心より感謝申し上げます。

平成二十九年四月

木村 壮次

《主な参考文献》

『報徳記』富田高慶述　岩波文庫
『補注　報徳記』富田高慶原著　佐々井典比古訳注　現代版報徳全書　一円融合会
『二宮尊徳』日本の名著　児玉幸多責任編集　中央公論新社
『二宮尊徳』武者小路実篤　蜜書房
『尊徳の森』佐々井典比古　有隣堂
『訳注二宮先生語録』斉藤高行原著　佐々井典比古訳注　現代版報徳全書　一円融合会
『二宮尊徳』小林惟司　ミネルヴァ書房
『二宮金次郎の一生』三戸岡道夫　栄光出版社
『日本には尊徳がいた』木村壮次　近代文藝社
『二宮翁夜話』村松敬司編著　日本経営合理化協会出版局

〈訳者紹介〉

木村壮次（きむら・そうじ）

経済コラムニスト（月刊『物価資料』など）東京都立大学卒業後、経済企画庁に入庁し、『経済白書』の作成、都道府県に対し地域経済計算の推進方法の指導などに従事。出向先の農林省で『農業白書』の作成、防衛庁防衛研究所では自衛隊幹部生に〝経済〟の教育・指導等も従事。退職後、東洋学園大学現代経営学部教授などを務めた。趣味は〝気〟の探求。著書に『日本には尊徳がいた』（近代文藝社）、共著に『日本経済読本』（日本経済新聞社）、『新聞記事の読み方』（ぎょうせい）など。

超訳 報徳記

平成二十九年四月二十五日第一刷発行

原著者　富田高慶
訳　者　木村壮次
発行者　藤尾秀昭
発行所　致知出版社
〒150-0001 東京都渋谷区神宮前四の二十四の九
TEL（〇三）三七九六―二一一一
印刷・製本　中央精版印刷

ISBN978-4-8009-1145-2 C0095
ホームページ　http://www.chichi.co.jp
Eメール　books@chichi.co.jp

いつの時代にも、仕事にも人生にも真剣に取り組んでいる人はいる。
そういう人たちの心の糧になる雑誌を創ろう——
『致知』の創刊理念です。

私たちも推薦します

稲盛和夫氏　京セラ名誉会長
我が国に有力な経営誌は数々ありますが、その中でも人の心に焦点をあてた編集方針を貫いておられる『致知』は際だっています。

王 貞治氏　福岡ソフトバンクホークス取締役会長
『致知』は一貫して「人間とはかくあるべきだ」ということを説き諭してくれる。

鍵山秀三郎氏　イエローハット創業者
ひたすら美点凝視と真人発掘という高い志を貫いてきた『致知』に、心から声援を送ります。

北尾吉孝氏　SBIホールディングス代表取締役執行役員社長
我々は修養によって日々進化しなければならない。その修養の一番の助けになるのが『致知』である。

渡部昇一氏　上智大学名誉教授
修養によって自分を磨き、自分を高めることが尊いことだ、また大切なことなのだ、という立場を守り、その考え方を広めようとする『致知』に心からなる敬意を捧げます。

致知BOOKメルマガ（無料）　致知BOOKメルマガ で 検索
あなたの人間力アップに役立つ新刊・話題書情報をお届けします。